中国铁路绿色低碳发展报告

Report on Green and Low-Carbon Development of China's Railways

(2024)

国 家 铁 路 局

人民交通出版社
北京

内容提要

本报告反映了 2024 年度中国铁路绿色低碳发展状况，记录了行业绿色低碳发展轨迹，盘点了行业绿色低碳发展重大事项，展示了行业绿色低碳发展成就。报告分综合篇、行业篇、展望篇，共十章，内容涵盖了国家绿色低碳战略部署和制度体系、铁路绿色低碳发展政策、绿色铁路工程建设、运输装备低碳转型、运输结构调整优化、运营维护绿色低碳、参与碳市场建设等方面的成就以及铁路绿色低碳发展展望。本报告既可为铁路行业管理和政府决策提供参考，也可为企业发展提供借鉴，是社会各界了解中国铁路绿色低碳状况的权威读物。

Abstract

This report presents the state of green and low-carbon development in China's railway industry in 2024, documenting the trajectory of green and low-carbon development in the sector, reviewing major events, and illustrating the industry's key achievements. Divided into three parts (General Overview, Industry Review, and Future Outlook), the report comprises ten chapters. It covers national strategies and policy and regulatory frameworks for green and low-carbon development, green and low-carbon policies for railway development, and achievements in green and low-carbon development, including green railway engineering, low-carbon transition of transport equipment, optimization of the transport mix, green operations and maintenance, and participation in carbon market mechanisms. Additionally, it provides an outlook on future green and low-carbon development in the railway sector. Serving as a key authoritative reference, this report serves as a reference for railway sector governance and government decision-making, offers guidance for corporate growth and development, and constitutes an essential resource for stakeholders to understand China's progress in green and low-carbon railway development.

图书在版编目（CIP）数据

中国铁路绿色低碳发展报告 . 2024/ 国家铁路局组织编写 . —北京：人民交通出版社股份有限公司，2025.2. —ISBN 978-7-114-20268-1

Ⅰ . F532

中国国家版本馆 CIP 数据核字第 2025F1V696 号

Zhongguo Tielu Lüse Ditan Fazhan Baogao （2024）

书　　名：中国铁路绿色低碳发展报告（2024）
著 作 者：国家铁路局
责任编辑：王　丹　姚　旭
责任校对：赵媛媛
责任印制：张　凯
出版发行：人民交通出版社
地　　址：（100011）北京市朝阳区安定门外外馆斜街 3 号
网　　址：http://www.ccpcl.com.cn
销售电话：（010）85285857
总 经 销：人民交通出版社发行部
经　　销：各地新华书店
印　　刷：北京市密东印刷有限公司
开　　本：889×1194　1/16
印　　张：10.25
字　　数：231 千
版　　次：2025 年 2 月　第 1 版
印　　次：2025 年 2 月　第 1 次印刷
书　　号：ISBN 978-7-114-20268-1
定　　价：128.00 元

（有印刷、装订质量问题的图书，由本社负责调换）

编委会
EDITORIAL BOARD

编写领导小组

组　长：王　平　国家铁路局科技与法制司司长

副组长：郝宽胜　国家铁路局综合司副司长
　　　　　刘　燕　国家铁路局科技与法制司副司长
　　　　　王　晨　国家铁路局科技与法制司副司长
　　　　　孙宝东　国家能源集团技术经济研究院董事长
　　　　　褚飞跃　中国交通运输协会副会长
　　　　　王文捷　国家能源集团技术经济研究院总经理
　　　　　杜　彬　国家能源集团科技与信息化部副主任

成　员：姚　云　国家能源集团技术经济研究院副总经理
　　　　　甄　静　国家铁路局科技与法制司标准一处处长、二级巡视员
　　　　　王海涛　国家铁路局科技与法制司规划处处长
　　　　　林川倩　国家铁路局运输监督管理司货运监管处处长
　　　　　李文斌　国家铁路局工程监督管理司质量安全监管处处长
　　　　　周　星　国家铁路局设备监督管理司装备监管处处长
　　　　　张吉苗　国家能源集团技术经济研究院副总经理
　　　　　刘美银　中国交通运输协会低碳与碳交易促进分会常务副会
　　　　　　　　　长兼秘书长

编委会
EDITORIAL BOARD

编 写 组

组　长： 王京伟　姚　云

副组长： 王　涛　张　鹏　陶志刚　张　帅

成　员： 毛秉田　郝秀强　李长安　王　炜　陈嘉许
　　　　　张育铭　刘宪姿　王怡戈　王茂龙　左　政
　　　　　周志成　秦建群　陈向华　董祥云　周承汉
　　　　　刘思言　彭小波　刘　超　林国成　柴德涛
　　　　　王　浩　李　攀　刘　萍　伍毅平　许　奇
　　　　　张　凯　王　勇　杨　锟　曹　瑞　张　岩
　　　　　张利宽　董广彬　孙小娇　张　蓉　周佳荣
　　　　　崔伟东　孙　荃　刘　霞　杨博尧　刘新龙
　　　　　李小微　张　洋　章　蓓

编写说明
WRITING INSTRUCTIONS

  本报告由国家铁路局科技与法制司、国家能源投资集团有限责任公司（简称"国家能源集团"）、中国交通运输协会组织编写，国家能源集团技术经济研究院、中国交通运输协会低碳与碳交易促进分会承担具体编写工作。本报告所使用的案例素材均来自交通运输部、国家铁路局及中国国家铁路集团有限公司（简称"国铁集团"）、中国交通运输协会、国家能源集团和中国中车集团有限公司（简称"中国中车"）、中国铁路通信信号集团有限公司（简称"中国通号"）、中国铁路工程集团有限公司（简称"中国中铁"）、中国铁建股份有限公司（简称"中国铁建"）等重点企业。除特别注明外，本报告所使用的统计数据分别来源于国家统计局、交通运输部、国家铁路局及国铁集团、国家能源集团等部门和单位发布的统计资料。

  本报告中有关铁路绿色低碳发展政策的内容，以及对部分现行法规政策的综述和解读，可以作为了解中国铁路绿色低碳发展政策的线索，读者必要时可查阅使用相关正式文件。

  本报告未特别注明的部分不含中华人民共和国香港特别行政区、澳门特别行政区和台湾地区的情况。

目录 CONTENTS

综 合 篇

第一章　国家绿色低碳战略部署 ………………………………… 3
　　第一节　国家绿色低碳政策 …………………………………… 3
　　第二节　重点领域"双碳"目标任务 ………………………… 11

第二章　国家绿色低碳制度体系 ………………………………… 13
　　第一节　碳排放"双控"制度 ………………………………… 13
　　第二节　碳排放统计核算体系 ………………………………… 15
　　第三节　碳标准计量体系 ……………………………………… 17
　　第四节　产品碳足迹管理体系 ………………………………… 20
　　第五节　产品碳足迹标识认证试点 …………………………… 22
　　第六节　碳市场交易制度 ……………………………………… 23

第三章　铁路绿色低碳发展政策 ………………………………… 26
　　第一节　交通运输绿色低碳发展要求 ………………………… 26
　　第二节　铁路行业低碳发展实施方案 ………………………… 28
　　第三节　运输装备更新行动 …………………………………… 34
　　第四节　铁水联运高质量发展 ………………………………… 35

行 业 篇

第四章　铁路绿色低碳发展成就 ………………………………… 43
　　第一节　铁路网络布局持续完善 ……………………………… 43
　　第二节　绿色铁路建设有力推动 ……………………………… 46
　　第三节　铁路运输能力显著增强 ……………………………… 50
　　第四节　铁路科技创新不断突破 ……………………………… 56
　　第五节　铁路监管服务得到加强 ……………………………… 59
　　第六节　铁路绿色低碳成效显著 ……………………………… 61

目录
CONTENTS

第五章 绿色铁路加快建设 65
 第一节 绿色铁路工程建设 65
 第二节 绿色铁路建造技术 71

第六章 运输装备低碳转型 82
 第一节 运输装备发展 82
 第二节 新型节能装备 84
 第三节 列车节能技术 92
 第四节 内燃机车淘汰更新 95

第七章 运输结构调整优化 97
 第一节 推进大宗货物运输"公转铁" 97
 第二节 大力发展铁水联运 107

第八章 运营维护绿色低碳 118
 第一节 智能运输 118
 第二节 重载运输 120
 第三节 绿色低碳维护 127

第九章 积极参与碳市场建设 132
 第一节 铁路产品碳足迹和企业碳核算 132
 第二节 铁路绿色金融 133
 第三节 铁路践行 ESG 136

展望篇

第十章 铁路绿色低碳发展展望 141

附录

国外典型国家铁路绿色低碳发展情况 147

CONTENTS

GENERAL OVERVIEW

Chapter 1 National Strategies for Green and Low-Carbon Development 3

    Section 1 National Green and Low-Carbon Policies 3

    Section 2 Key Objectives and Tasks for "Dual Carbon" Targets in Priority Areas 11

Chapter 2 National Institutional Frameworks for Green and Low-Carbon Development 13

    Section 1 Dual Control System for Carbon Emissions 13

    Section 2 Carbon Emissions Statistical and Accounting Framework 15

    Section 3 Carbon Standards and Measurement System 17

    Section 4 Product Carbon Footprint Management System 20

    Section 5 Product Carbon Footprint and Certification Pilot Project 22

    Section 6 Carbon Trading Market Mechanism 23

Chapter 3 Policies for Green and Low-Carbon Railway Developmen 26

    Section 1 Requirements for Green and Low-Carbon Development in Transportation 26

    Section 2 Low-Carbon Development Implementation Plan for the Railway Sector 28

    Section 3 Action Plan for Transportation Equipment Upgrades 34

    Section 4 High-Quality Development of Rail-Water Intermodal Transport 35

INDUSTRY REVIEW

Chapter 4 Achievements in Green and Low-Carbon Railway Development 43

    Section 1 Continuous Improvement in Railway Network Layout 43

    Section 2 Promoting the Construction of Green Railways 46

    Section 3 Notable Improvements in Railway Transport Capacity 50

    Section 4 Technological Innovations and Breakthroughs in Railways 56

    Section 5 Strengthened Railway Regulation and Services 59

CONTENTS

| | Section 6 | Outstanding Achievements in Green and Low-Carbon Railway Practices | 61 |

Chapter 5 Accelerating Construction Green Railway **65**

    Section 1   Green Railway Engineering 65

    Section 2   Technologies for Green Railway Construction 71

Chapter 6 Low-Carbon Transformation of Transportation Equipment **82**

    Section 1   Development of Transportation Equipment 82

    Section 2   New Energy-Efficient Equipment 84

    Section 3   Energy-Saving Train Technologies 92

    Section 4   Phasing Out and Upgrading Diesel Locomotives 95

Chapter 7 Optimization and Adjustment of Transport Structures **97**

    Section 1   Promoting the Shift of Bulk Cargo Transport from Road to Rail 97

    Section 2   Vigorous Development of Rail-Water Intermodal Transport 107

Chapter 8 Green and Low-Carbon Operations and Maintenance **118**

    Section 1   Smart Transportation 118

    Section 2   Heavy Haul Transportation 120

    Section 3   Green and Low-Carbon Maintenance 127

Chapter 9 Active Engagement in Carbon Market Development **132**

    Section 1   Carbon Footprint and Corporate Carbon Accounting for Railway Products 132

    Section 2   Green Financial Initiatives for Railways 133

    Section 3   Implementation of ESG Practices in Railways 136

FUTURE OUTLOOK

Chapter 10 Outlook on Green and Low-Carbon Railway Development **141**

APPENDIX

Green and Low-Carbon Railway Practices in Typical Foreign Countries 147

综合篇
GENERAL OVERVIEW

2020年9月22日，国家主席习近平在第七十五届联合国大会一般性辩论上的讲话中指出，"应对气候变化《巴黎协定》代表了全球绿色低碳转型的大方向，是保护地球家园需要采取的最低限度行动，各国必须迈出决定性步伐。中国将提高国家自主贡献力度，采取更加有力的政策和措施，二氧化碳排放力争于2030年前达到峰值，努力争取2060年前实现碳中和。各国要树立创新、协调、绿色、开放、共享的新发展理念，抓住新一轮科技革命和产业变革的历史性机遇，推动疫情后世界经济'绿色复苏'，汇聚起可持续发展的强大合力。"❶

2022年1月24日，习近平总书记在十九届中央政治局第三十六次集体学习时指出，"实现'双碳'目标，不是别人让我们做，而是我们自己必须要做。我国已进入新发展阶段，推进'双碳'工作是破解资源环境约束突出问题、实现可持续发展的迫切需要，是顺应技术进步趋势、推动经济结构转型升级的迫切需要，是满足人民群众日益增长的优美生态环境需求、促进人与自然和谐共生的迫切需要，是主动担当大国责任、推动构建人类命运共同体的迫切需要。"❷

2023年7月17日，习近平总书记在全国生态环境保护大会上指出，"要积极稳妥推进碳达峰碳中和，坚持全国统筹、节约优先、双轮驱动、内外畅通、防范风险的原则，落实好碳达峰碳中和'1+N'政策体系，构建清洁低碳安全高效的能源体系，加快构建新型电力系统，提升国家油气安全保障能力。"❸

---

❶ 出自《人民日报》(2020年09月23日03版)。
❷ 出自《人民日报》(2022年01月26日03版)。
❸ 出自《人民日报》(2023年07月19日01版)。

中国铁路绿色低碳
发展报告（2024）

Report on Green and
Low-Carbon Development of
China's Railways (2024)

第一章 国家绿色低碳战略部署

2024年7月18日，中国共产党第二十届中央委员会第三次全体会议通过的《中共中央关于进一步全面深化改革 推进中国式现代化的决定》指出，"中国式现代化是人与自然和谐共生的现代化。必须完善生态文明制度体系，协同推进降碳、减污、扩绿、增长，积极应对气候变化，加快完善落实绿水青山就是金山银山理念的体制机制。"

第一节 国家绿色低碳政策

我国绿色低碳政策体系逐步完善，为应对气候变化国际合作、全社会推进绿色低碳循环发展的共识和行动、做好碳达峰碳中和工作奠定了基础。

一、做好碳达峰碳中和工作

2021年9月22日，《中共中央 国务院关于完整准确全面贯彻新发展理念做好碳达峰碳中和工作的意见》对碳达峰碳中和工作作出系统谋划，明确了总体要求、主要目标和重大举措，是指导做好碳达峰碳中和工作的纲领性文件。

（一）背景与意义

实现碳达峰碳中和是一场广泛而深刻的经济社会系统性变革，面临前所未有的困难和挑战。我国经济结构还不合理，工业化、新型城镇化还在深入推进，经济发展和民生改善任务还很重，能源消费仍将保持刚性增长。与发达国家相比，我国从碳达峰到碳中和的时间窗口偏紧。做好碳达峰碳中和工作，迫切需要加强顶层设计。

（二）主要目标

（1）到2025年，绿色低碳循环发展的经济体系初步形成，重点行业能源利用效率大幅提升。单位国内生产总值能耗比2020年下降13.5%；单位国内生产总值二氧化碳排放比2020年下降18%；非化石能源消费比重达到20%左右；森林覆盖率达到24.1%，森林蓄积量达到180亿立方米，为实现碳达峰碳中和奠定坚实基础。

（2）到 2030 年，经济社会发展全面绿色转型取得显著成效，重点耗能行业能源利用效率达到国际先进水平。单位国内生产总值能耗大幅下降；单位国内生产总值二氧化碳排放比 2005 年下降 65% 以上；非化石能源消费比重达到 25% 左右，风电、太阳能发电总装机容量达到 12 亿千瓦以上；森林覆盖率达到 25% 左右，森林蓄积量达到 190 亿立方米，二氧化碳排放量达到峰值并实现稳中有降。

（3）到 2060 年，绿色低碳循环发展的经济体系和清洁低碳安全高效的能源体系全面建立，能源利用效率达到国际先进水平，非化石能源消费比重达到 80% 以上，碳中和目标顺利实现，生态文明建设取得丰硕成果，开创人与自然和谐共生新境界。

（三）主要任务

（1）推进经济社会发展全面绿色转型。强化绿色低碳发展规划引领，优化绿色低碳发展区域布局，加快形成绿色生产生活方式。

（2）深度调整产业结构。推动产业结构优化升级，坚决遏制高耗能高排放项目盲目发展，大力发展绿色低碳产业。

（3）加快构建清洁低碳安全高效能源体系。强化能源消费强度和总量"双控"，大幅提升能源利用效率，严格控制化石能源消费，积极发展非化石能源，深化能源体制机制改革。

（4）加快推进低碳交通运输体系建设。优化交通运输结构，推广节能低碳型交通工具，积极引导低碳出行。

（5）提升城乡建设绿色低碳发展质量。推进城乡建设和管理模式低碳转型，大力发展节能低碳建筑，加快优化建筑用能结构。

（6）加强绿色低碳重大科技攻关和推广应用。强化基础研究和前沿技术布局，加快先进适用技术研发和推广。

（7）持续巩固提升碳汇能力。巩固生态系统碳汇能力，提升生态系统碳汇增量。

（8）提高对外开放绿色低碳发展水平。加快建立绿色贸易体系，推进绿色"一带一路"建设，加强国际交流与合作。

（9）健全法律法规标准和统计监测体系。健全法律法规，完善标准计量体系，提升统计监测能力。

（10）完善政策机制。完善投资政策，积极发展绿色金融，完善财税价格政策，推进市场化机制建设。

（四）对交通运输的要求

交通运输是能源消耗和温室气体排放的主要行业之一。《中共中央 国务院关于完整准确全面贯彻新发展理念做好碳达峰碳中和工作的意见》提出，要加快推进低碳交通运输体系建设。

（1）优化交通运输结构。加快建设综合立体交通网，大力发展多式联运，提高铁路、水路在综合运输中的承运比重，持续降低运输能耗和二氧化碳排放强度。优化客运组织，引导客运企业规模化、集约化经营。加快发展绿色物流，整合运输资源，提高利用效率。

（2）推广节能低碳型交通工具。加快发展新能源和清洁能源车船，推广智能交通，推进铁路电气化改造，推动加氢站建设，促进船舶靠港使用岸电常态化。加快构建便利高效、适度超前的充换电网络体系。提高燃油车船能效标准，健全交通运输装备能效标识制度，加快淘汰高耗能高排放老旧车船。

（3）积极引导低碳出行。加快城市轨道交通、公交专用车道、快速公交系统等大容量公共交通基础设施建设，加强自行车专用道和行人步道等城市慢行系统建设。综合运用法律、经济、技术、行政等多种手段，加大城市交通拥堵治理力度。

二、全面推进美丽中国建设

2023年12月27日发布的《中共中央 国务院关于全面推进美丽中国建设的意见》提出了美丽中国建设的目标路径、重点任务和重大政策。

（一）背景与意义

我国经济社会发展已进入加快绿色化、低碳化的高质量发展阶段。生态文明建设仍处于压力叠加、负重前行的关键期，生态环境保护结构性、根源性、趋势性压力尚未根本缓解，资源压力较大、环境容量有限、生态系统脆弱的国情没有改变，经济社会发展绿色转型内生动力不足，生态环境质量稳中向好的基础还不牢固，污染物和碳排放总量仍居高位，部分区域生态系统退化趋势尚未根本扭转，美丽中国建设任务依然艰巨。迈向全面建设社会主义现代化国家新征程，需要保持加强生态文明建设的战略定力，坚定不移走生产发展、生活富裕、生态良好的文明发展道路，建设天蓝、地绿、水清的美好家园。

（二）主要目标

（1）到 2027 年，绿色低碳发展深入推进，主要污染物排放总量持续减少，生态环境质量持续提升，国土空间开发保护格局得到优化，生态系统服务功能不断增强，城乡人居环境明显改善，国家生态安全有效保障，生态环境治理体系更加健全，形成一批实践样板，美丽中国建设成效显著。

（2）到 2035 年，广泛形成绿色生产生活方式，碳排放达峰后稳中有降，生态环境根本好转，国土空间开发保护新格局全面形成，生态系统多样性稳定性持续性显著提升，国家生态安全更加稳固，生态环境治理体系和治理能力现代化基本实现，美丽中国目标基本实现。

（3）展望 21 世纪中叶，生态文明全面提升，绿色发展方式和生活方式全面形成，重点领域实现深度脱碳，生态环境健康优美，生态环境治理体系和治理能力现代化全面实现，美丽中国全面建成。

（三）主要任务

（1）加快发展方式绿色转型。优化国土空间开发保护格局，积极稳妥推进碳达峰碳中和，统筹推进重点领域绿色低碳发展，推动各类资源节约集约利用。

（2）持续深入推进污染防治攻坚。持续深入打好蓝天保卫战，持续深入打好碧水保卫战，持续深入打好净土保卫战，强化固体废物和新污染物治理。

（3）提升生态系统多样性稳定性持续性。筑牢自然生态屏障，实施山水林田湖草沙一体化保护和系统治理，加强生物多样性保护。

（4）守牢美丽中国建设安全底线。健全国家生态安全体系，确保核与辐射安全，加强生物安全管理，有效应对气候变化不利影响和风险，严密防控环境风险。

（5）打造美丽中国建设示范样板。建设美丽中国先行区，建设美丽城市，建设美丽乡村，开展创新示范。

（6）开展美丽中国建设全民行动。培育弘扬生态文化，践行绿色低碳生活方式，建立多元参与行动体系。

（7）健全美丽中国建设保障体系。改革完善体制机制，强化激励政策，加强科技支撑，加快数字赋能，实施重大工程，共谋全球生态文明建设。

（四）对交通运输的要求

大力推进"公转铁""公转水"，加快铁路专用线建设，提升大宗货物清洁化运输水平。推进铁路场站、民用机场、港口码头、物流园区等绿色化改造和铁路电气化改造，推动超低和近零碳排放车辆规模化应用、非道路移动机械清洁低碳应用。到 2027 年，新增汽车中新能源汽车占比力争达到 45%，老旧内燃机车基本淘汰，港口集装箱铁水联运量保持较快增长；到 2035 年，铁路货物周转量占总周转量比例达到 25% 左右。

三、加快经济社会发展全面绿色转型

2024 年 7 月 31 日发布的《中共中央 国务院关于加快经济社会发展全面绿色转型的意见》提出，以碳达峰碳中和工作为引领，协同推进降碳、减污、扩绿、增长，深化生态文明体制改革，健全绿色低碳发展机制。

（一）背景与意义

推动经济社会发展绿色化、低碳化，是新时代党治国理政新理念新实践的重要标志，是实现高质量发展的关键环节，是解决我国资源环境生态问题的基础之策，是建设人与自然和谐共生现代化的内在要求。加快经济社会发展全面绿色转型，对全面推进美丽中国建设，加快推进人与自然和谐共生的现代化具有重要意义。

（二）主要目标

（1）到 2030 年，重点领域绿色转型取得积极进展，绿色生产方式和生活方式基本形成，减污降碳协同能力显著增强，主要资源利用效率进一步提升，支持绿色发展的政策和标准体系更加完善，经济社会发展全面绿色转型取得显著成效。节能环保产业规模达到 15 万亿元左右，非化石能源消费比重提高到 25% 左右，抽水蓄能装机容量超过 1.2 亿千瓦，营运交通工具单位换算周转量碳排放强度比 2020 年下降 9.5% 左右，大宗固体废弃物年利用量达到 45 亿吨左右，主要资源产出率比 2020 年提高 45% 左右。

（2）到 2035 年，绿色低碳循环发展经济体系基本建立，绿色生产方式和生活方式广泛形成，减污降碳协同增效取得显著进展，主要资源利用效率达到国际先进水平，经济社会发展全面进入绿色低碳轨道，碳排放达峰后稳中有降，美丽中国目标基本实现。

（三）主要任务

（1）构建绿色低碳高质量发展空间格局。优化国土空间开发保护格局，打造绿色发展高地。

（2）加快产业结构绿色低碳转型。推动传统产业绿色低碳改造升级，大力发展绿色低碳产业，加快数字化绿色化协同转型发展。

（3）稳妥推进能源绿色低碳转型。加强化石能源清洁高效利用，大力发展非化石能源，加快构建新型电力系统。

（4）推进交通运输绿色转型。优化交通运输结构，建设绿色交通基础设施，推广低碳交通运输工具。

（5）推进城乡建设发展绿色转型。推行绿色规划建设方式，大力发展绿色低碳建筑，推动农业农村绿色发展。

（6）实施全面节约战略。大力推进节能降碳增效，加强资源节约集约高效利用，大力发展循环经济。

（7）推动消费模式绿色转型。推广绿色生活方式，加大绿色产品供给，积极扩大绿色消费。

（8）发挥科技创新支撑作用。强化应用基础研究，加快关键技术研发，开展创新示范推广。

（9）完善绿色转型政策体系。健全绿色转型财税政策，丰富绿色转型金融工具，优化绿色转型投资机制，完善绿色转型价格政策，健全绿色转市场化机制，构建绿色发展标准体系。

（10）加强绿色转型国际合作。参与引领全球绿色转型进程，加强政策交流和务实合作。

（四）对交通运输的要求

（1）优化交通运输结构。构建绿色高效交通运输体系，完善国家铁路、公路、水运网络，推动不同运输方式合理分工、有效衔接，降低空载率和不合理客货运周转量。大力推进多式联运"一单制""一箱制"发展，加快货运专用铁路和内河高等级航道网建设，推进主要港口、大型工矿企业和物流园区铁路专用线建设，提高绿色集疏运比例，持续提高大宗货物的铁路、水路运输比重。优化民航航路航线，提升机场运行电动化智能化水平。

（2）建设绿色交通基础设施。提升新建车站、机场、码头、高速公路设施绿色化智能化水平，推进既有交通基础设施节能降碳改造提升，建设一批低碳（近零碳）车站、机场、码头、高速公路服务区，因地制宜发展高速公路沿线光伏。完善充（换）电站、加氢（醇）站、岸电等基础设施网络，加快建设城市智慧交通管理系统。完善城乡物流配送体系，推动配送方式绿色智能转型。深入实施城市公共交通优先发展战略，提升公共交通服务水平。加强自行车专用道和行人步道等城市慢行系统建设。

（3）推广低碳交通运输工具。大力推广新能源汽车，推动城市公共服务车辆电动化替代。推动船舶、航空器、非道路移动机械等采用清洁动力，加快淘汰老旧运输工具，推进零排放货运，加强可持续航空燃料研发应用，鼓励净零排放船用燃料研发生产应用。到2030年，营运交通工具单位换算周转量碳排放强度比2020年下降9.5%左右。到2035年，新能源汽车成为新销售车辆的主流。

四、2030年前碳达峰行动方案

2021年10月24日，国务院印发的《2030年前碳达峰行动方案》（国发〔2021〕23号）进一步明确了推进碳达峰工作的总体要求、主要目标、重点任务和保障措施。

（一）背景与意义

实现碳达峰意味着一个国家或地区的经济社会发展与二氧化碳排放实现"脱钩"，即经济增长不再以增加碳排放为代价。因此，碳达峰被认为是一个经济体绿色低碳转型过程中的标志性事件。

（二）主要目标

到2025年，非化石能源消费比重达到20%左右，单位国内生产总值能源消耗比2020年下降13.5%，单位国内生产总值二氧化碳排放比2020年下降18%，为实现碳达峰奠定坚实基础。到2030年，非化石能源消费比重达到25%左右，单位国内生产总值二氧化碳排放比2005年下降65%以上，顺利实现2030年前碳达峰目标。

（三）重点任务

（1）能源绿色低碳转型行动。推进煤炭消费替代和转型升级，大力发展新能源，因地制宜开发水电，积极安全有序发展核电，合理调控油气消费，加快建设新型电力系统。

（2）节能降碳增效行动。全面提升节能管理能力，实施节能降碳重点工程，推进重点用能设备节能增效，加强新型基础设施节能降碳。

（3）工业领域碳达峰行动。推动工业领域绿色低碳发展，推动钢铁行业碳达峰，推动有色金属行业碳达峰，推动建材行业碳达峰，推动石化化工行业碳达峰，坚决遏制"两高"项目盲目发展。

（4）城乡建设碳达峰行动。推进城乡建设绿色低碳转型，加快提升建筑能效水平，加快优化建筑用能结构，推进农村建设和用能低碳转型。

（5）交通运输绿色低碳行动。推动运输工具装备低碳转型，构建绿色高效交通运输体系，加快绿色交通基础设施建设。

（6）循环经济助力降碳行动。推进产业园区循环化发展，加强大宗固废综合利用，健全资源循环利用体系，大力推进生活垃圾减量化资源化。

（7）绿色低碳科技创新行动。完善创新体制机制，加强创新能力建设和人才培养，强化应用基础研究，加快先进适用技术研发和推广应用。

（8）碳汇能力巩固提升行动。巩固生态系统固碳作用，提升生态系统碳汇能力，加强生态系统碳汇基础支撑，推进农业农村减排固碳。

（9）绿色低碳全民行动。加强生态文明宣传教育，推广绿色低碳生活方式，引导企业履行社会责任，强化领导干部培训。

（10）各地区梯次有序碳达峰行动。科学合理确定有序达峰目标，因地制宜推进绿色低碳发展，上下联动制定地方达峰方案，组织开展碳达峰试点建设。

（四）对交通运输的要求

（1）推动运输工具装备低碳转型。积极扩大电力、氢能、天然气、先进生物液体燃料等新能源、清洁能源在交通运输行业的应用。大力推广新能源汽车，逐步降低传统燃油汽车在新车产销和汽车保有量中的占比，推动城市公共服务车辆电动化替代，推广电力、氢燃料、液化天然气动力重型货运车辆。提升铁路系统电气化水平。加快老旧船舶更新改造，发展电动、液化天然气动力船舶，深入推进船舶靠港使用岸电，因地制宜开展沿海、内河绿色智能船舶示范应用。提升机场运行电动化智能化水平，发展新能源航空器。到2030年，当年新增新能源、清洁能源动力的交通工具比例达到40%左右，营运交通工具单位换算周转量碳排放强度比2020年下降9.5%左右，国家铁路单位换算周转量综合能耗比2020年下降10%。陆路交通运输石油消费力争2030年前达到峰值。

（2）构建绿色高效交通运输体系。发展智能交通，推动不同运输方式合理分工、有效衔接，降低空载率和不合理客货运周转量。大力发展以铁路、水路为骨干的多式联运，推进工矿企业、港口、物流园区等铁路专用线建设，加快内河高等级航道网建设，加快大宗货物和中长距离货物运输"公转铁""公转水"。加快先进适用技术应用，提升民航运行管理效率，引导航空企业加强智慧运行，实现系统化节能降碳。加快城乡物流配送体系建设，创新绿色低碳、集约高效的配送模式。打造高效衔接、快捷舒适的公共交通服务体系，积极引导公众选择绿色低碳交通方式。"十四五"期间，集装箱铁水联运量年均增长15%以上。到2030年，城区常住人口100万以上的城市绿色出行比例不低于70%。

（3）加快绿色交通基础设施建设。将绿色低碳理念贯穿于交通基础设施规划、建设、运营和维护全过程，降低全生命周期能耗和碳排放。开展交通基础设施绿色化提升改造，统筹利用综合运输通道线位、土地、空域等资源，加大岸线、锚地等资源整合力度，提高利用效率。有序推进充电桩、配套电网、加注（气）站、加氢站等基础设施建设，提升城市公共交通基础设施水平。到2030年，民用运输机场场内车辆装备等力争全面实现电动化。

第二节 重点领域"双碳"目标任务

各行业相关部门根据我国碳达峰碳中和政策文件，陆续出台能源、工业、城乡建设、交通运输、农业农村等重点领域实施方案，煤炭、石油天然气、钢铁、有色金属、石化化工、建材等重点行业实施方案，以及科技支撑、财政支持、统计核算、人才培养等支撑保障体系，构成了碳达峰碳中和"1+N"政策体系的"N"。

一、重点领域任务

国家发展改革委等部门分别印发的《"十四五"可再生能源发展规划》（发改能源〔2021〕1445号）、《"十四五"工业绿色发展规划》（工信部规〔2021〕178号）、《绿色交通"十四五"发展规划》（交规划发〔2021〕104号）、《煤炭清洁高效利用重点领域标杆水平和基准水平（2022年版）》（发改运行〔2022〕559号）、《"十四五"现代能源体系规划》（发改能源〔2022〕210号）、《工业领域碳达峰实施方案》（工信部联节〔2022〕88号）、《城乡建设领域碳达峰实施方案》（建标〔2022〕53号）、《农业农村减排固碳实施方案》（农科教发〔2022〕2号）等文件提出，加快构建现代能源体系，优化工业流程与再造，推进建筑绿色低碳改造，推进低碳智能交通系统，巩固提升生态系统碳汇能力等重点任务。重点领域"双碳"工作任务见表1-1。

重点领域"双碳"工作任务 表1-1

序号	重点领域	重点任务
1	能源	增强能源供应链稳定性和安全性，加快推动能源绿色低碳转型，优化能源发展布局，提升能源产业链现代化水平，增强能源治理效能，构建开放共赢能源国际合作新格局
2	工业	深度调整产业结构，深入推进节能降碳，积极推行绿色制造，大力发展循环经济，加快工业绿色低碳技术变革，主动推进工业领域数字化转型
3	交通运输	优化交通运输结构，推广节能低碳型交通工具，积极引导低碳出行，增强交通运输绿色转型新动能
4	城乡建设	建设绿色低碳城市，打造绿色低碳县城和乡村
5	农业农村	种植业节能减排，畜牧业减排降碳，渔业减排增汇，农田固碳扩容，农机节能减排，可再生能源替代

二、支撑保障体系

我国碳达峰碳中和"1+N"政策体系中，主要从科技支撑、财政支持、统计核算、人才培养等方面制定支撑保障措施。"双碳"支撑保障体系见表1-2。

"双碳"支撑保障体系 表1-2

序号	重点方面	主要内容
1	科技支撑	能源绿色低碳转型科技支撑行动，低碳与零碳工业流程再造技术突破行动，建筑交通低碳零碳技术攻关行动，负碳及非二氧化碳温室气体减排技术能力提升行动，前沿颠覆性低碳技术创新行动，低碳零碳技术示范行动，碳达峰碳中和管理决策支撑行动，碳达峰碳中和创新项目、基地、人才协同增效行动，绿色低碳科技企业培育与服务行动，碳达峰碳中和科技创新国际合作行动
2	财政金融	支持重点方向和领域：支持构建清洁低碳安全高效的能源体系，支持重点行业领域绿色低碳转型，支持绿色低碳科技创新和基础能力建设，支持绿色低碳生活和资源节约利用，支持碳汇能力巩固提升，支持完善绿色低碳市场体系。 财政政策措施：强化财政资金支持引导作用，健全市场化多元化投入机制，发挥税收政策激励约束作用，完善政府绿色采购政策，加强应对气候变化国际合作
3	统计核算	建立全国及地方碳排放统计核算制度，完善行业企业碳排放核算机制，建立健全重点产品碳排放核算方法，完善国家温室气体清单编制机制
4	人才培养	加强绿色低碳教育，打造高水平科技攻关平台，加快紧缺人才培养，促进传统专业转型升级，深化产教融合协同育人，深入开展改革试点，加强高水平教师队伍建设，加大教学资源建设力度，加强国际交流与合作

第二章 国家绿色低碳制度体系

第一节 碳排放"双控"制度

2024年7月30日,国务院办公厅印发的《加快构建碳排放双控制度体系工作方案》(国办发〔2024〕39号)提出,推进建立能耗"双控"向碳排放"双控"全面转型新机制。

一、背景与意义

党的二十大报告提出,完善能源消耗总量和强度调控,重点控制化石能源消费,逐步转向碳排放总量和强度"双控"制度。建立能耗"双控"向碳排放"双控"全面转型新机制,有利于科学精准开展评价考核,鼓励可再生能源发展、重点控制化石能源消费,有利于促进绿色低碳先进技术研发应用,因地制宜培育新质生产力。

二、重点内容

构建碳排放"双控"制度体系是一项系统工程和长期任务,根据不同阶段任务要求,统筹有序推进各项重点工作。加快构建碳排放"双控"制度体系实施阶段见表2-1。

加快构建碳排放"双控"制度体系实施阶段　　　　表2-1

实施阶段	时期	主要目标
第一阶段	至2025年	碳排放统计核算体系进一步完善,一批行业企业碳排放核算相关标准和产品碳足迹标准出台实施,国家温室气体排放因子数相关计量、统计、监测能力得到提升,为"十五五"时期在全国范围实施碳排放"双控"奠定基础
第二阶段	"十五五"时期	实施以强度控制为主、总量控制为辅的碳排放"双控"。建立碳达峰碳中和综合评价考核制度,加强重点领域和行业碳排放核算能力,健全重点用能和碳排放单位管理制度,开展固定资产投资项目碳排放评价,构建符合中国国情的产品碳足迹管理体系和产品碳标识认证制度,确保如期实现碳达峰目标

续上表

实施阶段	时期	主要目标
第三阶段	碳达峰后	实施以总量控制为主、强度控制为辅的碳排放"双控"制度。建立碳中和目标评价考核制度，进一步强化对各地区及重点领域、行业、企业的碳排放管控要求，健全产品碳足迹管理体系，推行产品碳标识认证制度，推动碳排放总量稳中有降

构建碳排放"双控"制度体系明确将碳排放指标及相关要求纳入国家规划，建立健全地方碳考核、行业碳管控、企业碳管理、项目碳评价、产品碳足迹等政策制度和管理机制。

（1）完善碳排放相关规划制度。推动将碳排放指标纳入规划，制定碳达峰碳中和有关行动方案，完善碳排放"双控"相关法规制度。

（2）建立地方碳排放目标评价考核制度。合理分解碳排放"双控"指标，建立碳达峰碳中和综合评价考核制度，推动省市两级建立碳排放预算管理制度。

（3）探索重点行业领域碳排放预警管控机制。完善重点行业领域碳排放核算机制，建立行业领域碳排放监测预警机制。

（4）完善企业节能降碳管理制度。健全重点用能和碳排放单位管理制度，发挥市场机制调控作用。

（5）开展固定资产投资项目碳排放评价。完善固定资产投资项目节能审查制度，完善建设项目环境影响评价制度。

（6）加快建立产品碳足迹管理体系。制定产品碳足迹核算规则标准，加强碳足迹背景数据库建设，建立产品碳标识认证制度。

三、对交通运输的要求

发挥行业主管部门及行业协会作用，以电力、钢铁、有色、建材、石化、化工等工业行业和城乡建设、交通运输等领域为重点，合理划定行业领域碳排放核算范围，依托能源和工业统计、能源活动和工业生产过程碳排放核算、全国碳排放权交易市场等数据，开展重点行业碳排放核算。将碳排放评价有关要求纳入固定资产投资项目节能审查。行业主管部门和有条件的地区可以根据需要建设重点行业碳足迹背景数据库。

第二节　碳排放统计核算体系

2022年4月22日，国家发展改革委、国家统计局、生态环境部印发的《关于加快建立统一规范的碳排放统计核算体系实施方案》（发改环资〔2022〕622号）提出，到2025年，统一规范的碳排放统计核算体系进一步完善，碳排放统计基础更加扎实，核算方法更加科学，技术手段更加先进，数据质量全面提高，为碳达峰碳中和工作提供全面、科学、可靠的数据支持。2024年10月8日，国家发展改革委等部门印发的《完善碳排放统计核算体系工作方案》（发改环资〔2024〕1479号）提出，到2030年，系统完备的碳排放统计核算体系构建完成，国家、省级碳排放统计核算制度全面建立并有效运转，重点行业领域碳排放核算标准和规则更加健全，重点用能和碳排放单位碳排放管理能力显著提升，产品碳足迹管理体系更加完善，碳排放数据能够有效满足各层级、各领域、各行业碳排放管控要求。

一、背景与意义

碳排放统计核算是建立健全地方碳考核、行业碳管控、企业碳管理、项目碳评价、产品碳足迹等政策制度和管理机制的重要数据依据。我国碳排放统计核算体系逐步完善，但仍然存在一些短板弱项，距离碳排放"双控"工作要求尚有差距。碳排放统计核算体系分阶段部署了一系列重点任务，为完善碳排放统计核算明确了工作主线，对积极稳妥推进"双碳"工作具有重要意义。

二、重点内容

（一）碳排放统计核算体系实施方案重点任务

（1）建立全国及地方碳排放统计核算制度。由国家统计局统一制定全国及省级地区碳排放统计核算方法，组织开展全国及各省级地区年度碳排放总量核算。

（2）完善行业企业碳排放核算机制。由生态环境部、市场监管总局会同行业主管部门组织制修订电力、钢铁、有色、建材、石化、化工、建筑等重点行业碳排放核算方法及相关国家标准，加快建立覆盖全面、算法科学的行业碳排放核算方法体系。

（3）建立健全重点产品碳排放核算方法。由生态环境部会同行业主管部门研究制定重点行业产品的原材料、半成品和成品的碳排放核算方法。

（4）完善国家温室气体清单编制机制。由生态环境部会同有关部门组织开展数据收集、报告撰写和国际审评等工作，按照履约要求编制国家温室气体清单。

（二）碳排放统计核算体系工作方案重点任务

（1）健全区域碳排放统计核算制度。建立全国及省级地区碳排放数据年报、快报制度，逐年编制国家温室气体清单，鼓励各地区制定省级以下地区碳排放统计核算方法，推动地市级编制能源平衡表或简易能源平衡表等。

（2）完善重点行业领域碳排放核算机制。发挥行业主管部门及行业协会作用，开展重点行业领域碳排放核算，建立数据共享和联合监管机制等。

（3）健全企业碳排放核算方法。组织制修订重点行业企业碳排放核算标准和技术规范，研究企业使用非化石能源电力相关碳排放计算方法，研究碳捕集利用与封存、碳汇在企业排放核算中进行抵扣的方法要求等。

（4）构建项目碳排放和碳减排核算体系。研究制定固定资产投资项目碳排放核算指南，研究制定重点行业建设项目温室气体排放环境影响评价技术标准、规范或指南等。

（5）建立健全碳足迹管理体系。制定发布产品碳足迹量化要求通则等国家标准，加强产品碳足迹核算能力建设等。

（6）建设国家温室气体排放因子数据库。尽快公布一批主要能源品类和重点基础产品碳排放因子，定期更新全国及各省级地区电力平均排放因子和化石能源电力排放因子等。

（7）推进先进技术应用和新型方法学研究。建立基于电力大数据的碳排放核算机制，完善"电-碳分析模型"，研究建立碳排放预测预警模型，建设温室气体高精度观测站网和立体监测体系等。

（8）加强国际合作。加强与主要贸易伙伴在碳排放规划上的沟通衔接，强化碳排放核算基础能力建设国际合作等。

三、对交通运输的要求

交通运输行业根据碳排放统计核算实施方案和碳排放统计核算体系工作方案，有序开展相关工作。

（一）完善行业领域碳排放核算机制

发挥行业主管部门及行业协会作用，根据交通运输行业特点和管理需要，合理划定交通运输行业领域碳排放核算范围，开展交通运输行业领域碳排放核算，深化数据质量管理，加强对交通运输行业核算工作的基础支撑。

（二）健全企业碳排放核算方法

组织制修订交通运输企业碳排放核算标准和技术规范，明确统计核算、计量、监测、核查等配套规则。结合交通运输企业碳排放特点，细化制定重要工序或设施碳排放核算方法或指南，有序推进交通运输企业碳排放报告与核查。在交通运输企业间接碳排放核算中，研究企业使用非化石能源电力相关碳排放计算方法。

（三）构建项目碳排放和碳减排核算体系

研究制定交通运输固定资产投资项目碳排放核算指南，开展基于全生命周期理论的固定资产投资项目碳排放评价方法研究，研究设定交通运输业固定资产投资项目碳排放准入水平。研究制定交通运输行业建设项目温室气体排放环境影响评价技术标准、规范或指南，健全环境影响评价技术体系。

第三节　碳标准计量体系

2024年7月14日，国家发展改革委、市场监管总局、生态环境部印发《关于进一步强化碳达峰碳中和标准计量体系建设行动方案（2024—2025年）》(发改环资〔2024〕1046号)，要求加快推进碳达峰碳中和标准计量工作，有效支撑我国碳排放"双控"和碳定价政策体系建设。

一、背景与意义

面向"双碳"目标要求，我国"双碳"标准计量体系建设进展仍然滞后、工作基础总体偏弱，一些急用先行的重要"双碳"标准存在空白，部分领域标准亟须修订，相关计量仪器研制水平不高，计量基准、计量标准和标准物质供给不足，支撑绿色低碳高质量发展的作用有待进一步发挥。"双碳"标准计量体系建设，是支撑碳排放"双控"和碳定价政策体系建设的重要基础。

二、重点内容

《关于进一步强化碳达峰碳中和标准计量体系建设行动方案（2024—2025年）》（发改环资〔2024〕1046号）提出，按照系统推进、急用先行、开放协同的原则，围绕重点领域研制一批国家标准、采信一批团体标准、突破一批国际标准、启动一批标准化试点。2025年，面向企业、项目、产品的三位一体碳排放核算和评价标准体系基本形成，重点行业和产品能耗能效技术指标基本达到国际先进水平，建设100家企业和园区碳排放管理标准化试点。按照统筹发展、需求牵引、创新突破的原则，加强碳计量基础能力建设，完善碳计量体系，提升碳计量服务支撑水平。2025年底前，研制20项计量标准和标准物质，开展25项关键计量技术研究，制定50项"双碳"领域国家计量技术规范，关键领域碳计量技术取得重要突破，重点用能和碳排放单位碳计量能力基本具备，碳排放计量器具配备和相关仪器设备检定校准工作稳步推进。

（一）标准方面的主要任务

（1）加快企业碳排放核算标准研制。加快推进电力等重点行业企业碳排放核算标准规范和技术规范的研究及制修订。制定面向园区的碳排放核算与评价标准。

（2）加强产品碳足迹碳标识标准建设。发布产品碳足迹量化要求通则国家标准，加快研制新能源汽车、光伏等产品碳足迹国家标准等。

（3）加大项目碳减排标准供给。开展典型项目碳减排量核算标准研制，推动将全国温室气体自愿减排项目方法学纳入国家标准体系等。

（4）推动碳减排和碳清除技术标准攻关。加快氢冶金等关键碳减排技术标准研制，制定生态碳汇等碳清除技术标准等。

（5）提高工业领域能耗标准要求。修订提高钢铁等重点行业单位产品能源消耗限额标准，修订完善节能配套标准等。

（6）加快产品能效标准更新升级。修订升级产品能效标准，加快研制新型基础设施能效标准等。

（7）加强重点产品和设备循环利用标准研制。制定汽车、电子产品、家用电器等回收拆解标准，开展退役光伏设备、风电设备、动力电池回收利用标准研制等。

（8）扩大绿色产品评价标准供给。修订绿色产品评价通则，研究制定绿证和绿色电力消费相关标准等。

（二）计量方面的主要任务

（1）加强碳计量基础能力建设。布局建设一批计量标准和标准物质，加快碳达峰碳中和相关量值传递溯源体系建设等。

（2）加强"双碳"相关计量仪器研制和应用。加快高精度多组分气体快速分析探测仪、光谱仪等碳核算、碳监测相关计量仪器的研制，组织对国产碳排放在线监测系统开展计量性能测试评价。

（3）加强计量对碳排放核算的支撑保障。制定重点排放单位碳计量器具配备和管理规范，优化相关行业温室气体排放核算和报告指南等。

（4）开展共性关键碳计量技术研究。开展碳排放在线监测计量不确定度评定方法研究，持续开展基于激光雷达、区域和城市尺度反演等碳排放监测计量技术研究与应用，开展烟气捕集端碳捕集利用与封存关键计量技术研究等。

（5）加强重点领域计量技术研究。推动加强火电等重点行业和领域碳计量技术研究，开展碳排放直测方法与核算法的比对研究等。

（6）加强碳计量中心建设。推动国家碳计量中心建设，研究制定碳计量能力建设指导目录等。

（7）完善"双碳"相关计量技术规范。编制重点排放单位碳计量审查规范、固定污染源二氧化碳排放连续监测系统校准、煤化工生产企业碳计量器具配置与管理等计量技术规范。

（8）加强能源计量监督管理。组织各地区对行业建筑材料、石化化工、能源、钢铁等传统行业以及数据中心、公共机构等重点领域开展能源计量审查等。

三、对交通运输的要求

《关于进一步强化碳达峰碳中和标准计量体系建设行动方案（2024—2025年）》（发改环资〔2024〕1046号）提出，加快推进电力、煤炭、钢铁、有色、纺织、交通运输、建材、石化、化工、建筑等重点行业企业碳排放核算标准和技术规范的研究及制修订。

第四节 产品碳足迹管理体系

2024年5月22日，生态环境部、国家发展改革委等部门印发的《关于建立碳足迹管理体系的实施方案》(环气候〔2024〕30号)提出，从产品碳足迹着手，完善国内规则、促进国际衔接，建立统一规范的碳足迹管理体系，助力经济绿色低碳转型、高质量发展和美丽中国建设。

一、背景与意义

《中共中央 国务院关于全面推进美丽中国建设的意见》提出，"构建绿色低碳产品标准、认证、标识体系"。国务院印发的《2030年前碳达峰行动方案》提出，"探索建立重点产品全生命周期碳足迹标准"。2023年11月13日，国家发展改革委等部门印发的《关于加快建立产品碳足迹管理体系的意见》(发改环资〔2023〕1529号)提出，"建立产品碳足迹管理体系，搭建起产品碳足迹管理体系总体框架"。2024年5月22日，生态环境部等部门印发的《关于建立碳足迹管理体系的实施方案》(环气候〔2024〕30号)明确了我国产品碳足迹管理工作目标和实现路径，强化任务分工和政策协同，提出建立碳足迹管理体系的总体要求、主要目标和主要任务。

二、重点内容

（一）主要目标

到2027年，碳足迹管理体系初步建立。制定发布与国际接轨的国家产品碳足迹核算通则标准，制定出台100个左右重点产品碳足迹核算规则标准，产品碳足迹因子数据库初步构建，产品碳足迹标识认证和分级管理制度初步建立，重点产品碳足迹规则国际衔接取得积极进展。到2030年，碳足迹管理体系更加完善，应用场景更加丰富。制定出台200个左右重点产品碳足迹核算规则标准，覆盖范围广、数据质量高、国际影响力强的产品碳足迹因子数据库基本建成，产品碳足迹标识认证和分级管理制度全面建立，产品碳足迹应用环境持续优化拓展。产品碳足迹核算规则、因子数据库与碳标识认证制度逐步与国际接轨，实质性参与产品碳足迹国际规则制定。

（二）主要任务

（1）建立健全碳足迹管理体系。发布产品碳足迹核算通则标准，发布重点产品碳足迹核算规则标准，建立完善产品碳足迹因子数据库，建立产品碳标识认证制度，建立产品碳足迹分级管理制度，探索建立碳足迹信息披露制度。

（2）构建多方参与的碳足迹工作格局。强化政策支持与协同，加大金融支持力度，丰富拓展推广应用场景，鼓励地方试点和政策创新，鼓励重点行业企业先行先试。

（3）推动产品碳足迹规则国际互信。积极应对国际涉碳贸易政策，推动产品碳足迹规则国际对接，推动与共建"一带一路"国家产品碳足迹规则交流互认，积极参与国际标准规则制定，加强国际交流与合作。

（4）持续加强产品碳足迹能力建设。加强产品碳足迹核算能力建设，规范产品碳足迹专业服务，加强产品碳足迹人才培养，强化产品碳足迹数据质量，建立产品碳足迹数据质量计量支撑保障体系，加强产品碳足迹数据安全和知识产权保护。

三、对交通运输的要求

（一）建立完善产品碳足迹因子数据库

依托国家温室气体排放因子数据库，优先聚焦基础能源、大宗商品及原材料、半成品和交通运输等重点领域发布产品碳足迹因子，建立国家产品碳足迹因子数据库。指导研究机构、行业协会、企业报送产品碳足迹因子，充实完善国家数据库。行业主管部门、有条件的地区、行业协会和企业等可根据需要依法合规收集整理数据资源，研究细分领域产品碳足迹因子数据，与国家数据库形成衔接和补充。

（二）积极应对国际涉碳贸易政策

跟踪研判全球主要经济体涉碳贸易政策和国际产品碳足迹相关规则发展趋势，关注航运等重点行业碳减排政策及影响，聚焦外贸产品面临挑战和企业诉求，加强与国际贸易相关方沟通对接，通过双多边渠道加强产品碳足迹等重点问题对话磋商。

（三）积极参与国际标准规则制定

指导行业协会、企业主动参与具体产品碳足迹国际规则制定，提升中国贡献度，力争在锂电池、光伏、新能源汽车和电子电器等领域推动制定产品碳足迹国际标准。

第五节 产品碳足迹标识认证试点

2024年8月30日，市场监管总局等部门印发的《关于开展产品碳足迹标识认证试点工作的通知》（国市监认证发〔2024〕85号）提出，在有条件的地区和成熟行业，开展产品碳足迹标识认证试点工作。

一、背景与意义

一些国家和地区正逐步建立重点产品碳足迹核算、评价和认证制度，跨国公司也将产品碳足迹纳入可持续供应链管理要求。建立统一的产品碳足迹标识认证制度，是促进我国经济社会绿色低碳发展的重要举措。推进开展产品碳足迹标识认证试点工作，有助于通过试点工作，形成效益突出、可复制可推广的典型经验，引导政府、行业、企业等广泛参与产品碳足迹标识认证工作，服务"双碳"目标稳步实现。

二、试点任务

试点对象包括锂电池、光伏产品、钢铁、纺织品、电子电器、轮胎、水泥、电解铝、尿素、磷铵、木制品等产品。产品碳标识认证试点工作包括八项任务。

（一）建立工作体系

建立健全产品碳足迹标识认证试点工作机制，明确工作目标、主要任务、工作举措、责任单位、进度安排等内容，确保试点工作有序进行。

（二）提高数据质量

结合实际情况，合理确定数据收集方式与质量控制措施，强化碳计量在产品碳足迹量化中的应用，提高数据的可靠性与即时性，指导企业提升产品碳足迹数据计量、监测与核算能力。

（三）保障数据安全

落实数据安全法规制度，提升产品碳足迹数据安全水平，强化重点外贸行业产品碳足迹数据对外流通管理，保障数据交换环境安全可靠。

（四）提升管理水平

提升试点企业产品碳足迹管理能力，推动企业对标国际国内先进水平，查找生产和流通中的薄弱环节，强化节能降碳管理，带动上下游企业加强碳足迹管理，推动供应链整体绿色低碳转型。

（五）强化质量管控

加强对认证活动和获证企业的跟踪指导，确保认证的有效性与公信力，严厉打击虚标产品碳足迹标识行为，将有关行政处罚等信息纳入国家企业信用信息公示系统予以公示。

（六）创新政策机制

推行与试点主体产业相适宜的政策措施，推动将产品碳足迹标识认证结果作为绿色金融的重要采信依据，推动产品碳足迹认证标识国际互认，将推进产品碳足迹标识认证融入绿色营商环境、碳达峰碳中和、美丽中国建设等工作中。

（七）健全效果评估

结合产品碳足迹标识认证试点情况，探索科学的实施成效评价方法，围绕质量效益、经济效益、社会效益、生态效益等，多维度开展试点实施效果综合评估，提炼总结试点工作中的经验和做法，为后续工作提供有益的参考和借鉴。

（八）丰富应用场景

加大碳足迹较低产品的政府采购力度，有序推进产品碳足迹标识在消费品领域推广应用，广泛利用各种媒介加强对产品碳足迹标识的宣传，引导企业主动展示产品碳标识，鼓励消费者购买和使用碳足迹较低产品。

第六节 碳市场交易制度

2024年1月25日，国务院发布《碳排放权交易管理暂行条例》（国务院令第775号）。该条例的出台，是我国碳排放权交易市场建设的里程碑事件，开启了我国碳排放权交易的法治新局面，为市场的运行和发展奠定了重要基础。生态环境部、市场监管总局2023年10月19日颁布的《温室气体自愿减排交易管理办法（试行）》、生态环

境部　市场监管总局令第 31 号）提出，规范全国温室气体自愿减排交易及相关活动。2023 年 11 月 16 日，国家应对气候变化战略研究和国际合作中心印发的《温室气体自愿减排注册登记规则（试行）》提出，规范全国温室气体自愿减排注册登记活动。

一、背景与意义

我国碳排放权交易市场建设稳步推进。《碳排放权交易管理暂行条例》的出台，为全国碳排放权交易市场运行管理提供了法律依据。《碳排放权交易管理暂行条例》重在构建基本制度框架，坚持全流程管理，覆盖碳排放权交易各主要环节。总体属于新事物、仍在继续探索的实际情况。

温室气体自愿减排交易是通过市场机制控制和减少温室气体排放，推动实现碳达峰碳中和目标的重要制度创新。全国温室气体自愿减排交易市场与全国碳排放权交易市场共同组成我国碳交易体系。自愿减排交易市场启动后，各类社会主体可以按照相关规定，自主自愿开发温室气体减排项目，项目减排效果经过科学方法量化核证并申请完成登记后，可在市场出售，以获取相应的减排贡献收益。启动自愿减排交易市场有利于支持林业碳汇、可再生能源、甲烷减排、节能增效等项目发展，有利于激励更广泛的行业、企业和社会各界参与温室气体减排行动，对推动经济社会绿色低碳转型、实现高质量发展具有积极意义。

二、重点内容

《碳排放权交易管理暂行条例》构建了碳排放权交易管理的基本制度框架，规定了以下内容：注册登记机构和交易机构的法律地位和职责，碳排放权交易覆盖范围以及交易产品、交易主体和交易方式，重点排放单位确定，碳排放配额分配，排放报告编制与核查，碳排放配额清缴和市场交易等。

《温室气体自愿减排交易管理办法（试行）》对自愿减排交易及其相关活动的各环节作出规定，明确了项目业主、审定与核查机构、注册登记机构、交易机构等各方权利、义务和法律责任，以及各级生态环境主管部门和市场监督管理部门的管理责任。

全国温室气体自愿减排注册登记机构通过全国温室气体自愿减排注册登记系统受理温室气体自愿减排项目和减排量的登记、注销申请，记录温室气体自愿减排项目相关信息和核证自愿减排量的登记、持有、变更、注销等信息。《温室气体自愿减排注册登记规则（试行）》明确了符合条件的开立注册登记账户主体，登记主体应当向注册登记机构申请信息变更的程序和要求，以及账户会被限制或关闭的情形等。

三、碳市场建设进展

我国碳市场建设取得了积极进展和成效。全国碳排放权交易市场和全国温室气体自愿减排交易市场，共同构成了全国碳市场体系。为保障全国碳市场的有效运行，生态环境部组织建立了全国碳市场管理平台、全国碳排放权注册登记系统、全国碳排放权交易系统等。全国碳市场管理平台记录重点排放单位碳排放相关数据；全国碳排放权注册登记系统记录全国碳排放权交易市场碳排放配额的持有、变更、清缴、注销等信息，并提供结算服务；全国碳排放权交易系统保障全国碳排放权交易市场碳排放配额的集中统一交易。

第三章 铁路绿色低碳发展政策

交通运输是国民经济中基础性、先导性、战略性产业和重要的服务性行业，是碳排放的重要领域之一。推动交通运输行业绿色低碳转型是应对全球气候变化、推进实现"双碳"目标的重要支撑和必然要求。

第一节 交通运输绿色低碳发展要求

2022年4月18日，《交通运输部 国家铁路局 中国民用航空局 国家邮政局贯彻落实〈中共中央 国务院关于完整准确全面贯彻新发展理念做好碳达峰碳中和工作的意见〉的实施意见》（交规划发〔2022〕56号）提出，加快推进交通运输绿色低碳转型，切实做好碳达峰碳中和交通运输工作。

一、优化交通运输结构

（一）加快建设综合立体交通网

完善铁路、公路、水运、民航、邮政快递等基础设施网络，坚持生态优先，促进资源节约集约循环利用，将绿色理念贯穿于交通运输基础设施规划、建设、运营和维护全过程，构建以铁路为主干，以公路为基础，水运、民航比较优势充分发挥的国家综合立体交通网，切实提升综合交通运输整体效率。

（二）提高铁路水路在综合运输中的承运比重

完善干线铁路集疏运体系，加快港口集疏运铁路和大型工矿企业、物流园区铁路专用线建设。加快发展以铁路、水路为骨干的多式联运，大力推进铁水联运，持续推进大宗货物和中长途货物运输"公转铁""公转水"。大力发展高铁快递。

（三）优化客货运组织

推进城乡交通运输一体化发展，构建完善、合理、便捷的城乡公共交通体系。推动城市绿色货运配送示范工程创建，鼓励共同配送、集中配送、夜间配送等运输组织模式发展。推广智能交通，推动互联网、人工智能等新兴技术与交通运输业态融合发展。

二、推广节能低碳型交通工具

（一）积极发展新能源和清洁能源运输工具

依托交通强国建设试点任务，有序开展纯电动、氢燃料电池、可再生合成燃料车辆、船舶的试点。推动新能源车辆的应用。探索甲醇、氢、氨等新型动力船舶的应用，推动液化天然气动力船舶的应用。积极推广可持续航空燃料的应用。

（二）加强交通电气化替代

推进铁路电气化改造，深入推进机场运行电动化。推进船舶靠港使用岸电，不断提高岸电使用率。推进高速公路服务区快充网络建设，鼓励开展换电模式应用。

（三）提高燃油车船能效标准

制修订适应碳达峰碳中和要求的营运车辆能耗限值准入标准，健全营运车辆能效标识，制定新造船舶能效设计指数要求并研究纳入技术法规，引导行业选择和使用高能效车船。加快老旧运输工具更新改造，提升交通运输装备能源利用水平。

三、积极引导低碳出行

（一）全面推进国家公交都市建设

优先发展公共交通，完善城市公共交通服务网络，指导各地加快城市轨道交通、公交专用车道、快速公交系统等大容量城市公共交通系统发展，提高公共交通供给能力，鼓励运输企业积极拓展多样化公共交通服务，改善公众出行体验，大力提升公共交通服务品质。推动自行车、步行等城市慢行系统发展，加快转变城市交通发展方式，综合施策，加大城市交通拥堵治理力度。

（二）积极开展绿色出行创建行动

提升绿色出行装备水平，大力培育绿色出行文化，完善绿色出行服务体系。引导公众优先选择公共交通、步行和自行车等绿色出行方式，整体提升各城市的绿色出行水平。

四、增强交通运输绿色转型新动能

（一）强化绿色低碳发展规划引领

将碳达峰碳中和交通运输工作目标要求全面融入各地区交通运输中长期发展规划，强化有关专项规划的支撑，加强各级各类规划的衔接协调，确保各地区各部门落实碳达峰碳中和交通运输工作目标要求协调一致。

（二）提升交通运输技术创新能力

推动交通运输领域应用新能源、清洁能源、可再生合成燃料等低碳前沿技术攻关，鼓励支持科研机构、高等学校和企业事业单位开展低碳技术和装备研发，培育行业相关领域重点实验室，加强交通运输领域节能低碳技术宣传、交流、培训以及创新成果转化应用。

（三）发挥市场机制推动作用

加强政府在碳达峰碳中和的法规、标准、制度等方面的主导作用，充分发挥碳排放权、用能权有偿使用、合同能源管理等市场机制作用，形成政府和市场两手发力的新局面。

（四）加强国际交流合作

积极参与应对气候变化国际谈判，坚持我国发展中国家定位，坚持共同但有区别的责任原则、公平原则和各自能力原则。加强绿色交通国际交流与合作。

第二节　铁路行业低碳发展实施方案

2024年1月30日，国家铁路局、国家发展改革委、生态环境部、交通运输部、国铁集团印发的《推动铁路行业低碳发展实施方案》（国铁科法〔2024〕2号）提出，加快推动新时代铁路绿色低碳发展。

一、主要目标

到2030年，铁路运输综合能耗和二氧化碳排放水平明显下降。绿色铁路规模、绿色客站数量明显增加，电力、新能源等绿色机车比重进一步提升，绿电使用比例逐步提升，铁路领域清洁能源利用和大气污染防治有效推进，绿色低碳技术、装备、产品推广应用取得新进展，铁路运输市场份额稳步提升，运输效率持续提升，绿色发展标准体系基本完善，铁路绿色低碳发展统计、评估、考核与激励机制基本健全。铁路单位运输工作量综合能耗和单位运输工作量二氧化碳排放较2020年下降10%。铁路电气化率达到78%以上。大宗货物年运量150万吨以上的大型工矿企业和新建物流园区铁路专用线接入比例力争达到90%以上。沿海港口重要港区铁路进港率达到80%以上，不断提高内河港口重要港区铁路进港率。电力机车占比力争达到70%以上。铁路场站内车辆装备逐步实现新能源化。铁路客货周转量全社会占比分别达到48%以上和22%以上。集装箱铁水联运量保持较快增长。

二、推动绿色铁路建设

（一）建设绿色铁路工程

落实国土空间规划和生态保护要求，强化环保选线理念，加强设计源头管理，积极推动绿色选线，科学规划布局铁路线路和枢纽设施，推进铁路与其他交通方式共用通道资源，全面提高土地综合利用。推动绿色铁路工程建设，加强设计、建设、竣工、验收全过程管理，倡导绿色设计、绿色施工，建立完善各阶段能耗与碳排放计量监测、统计核算和考核评价，确保工程符合绿色低碳发展要求。推进铁路场站、物流园区等绿色化改造。积极应用绿色建材，推广应用可再循环、可再利用的建材和可再生资源，积极推进铁路建设弃渣减量化、资源化，实现铁路基础设施建设低能耗、低排放。推进铁路火车轮渡码头和船舶岸电设施建设和常态化使用。推广应用绿色能源施工机械设备。

（二）实施绿色客站工程

新建客站严格按照绿色建设相关标准进行设计和建设。加大对既有客站的绿色改造力度，实施绿色照明。通过能源管控技术应用、变频改造等手段，对暖通空调、给排水、电气设备等耗能设备进行节能优化控制。在具备条件的客站加装光伏系统。选取典型客站进行试点应用，形成示范作用。加强光伏发电等节能、新能源技术在场站的应用，新建铁路场站等建筑屋面优先采用光伏建设一体化方式（BIPV）或预留光伏发电系统设置条件。2024年起批复的新建大型场站需采用能源管控技术，并达到三星级绿色建筑标准。加快推进大型场站绿色照明智能控制改造，有序实施站房、灯桥、灯塔、景观等照明的发光二极管（LED）光源替代。全面实施绿色交付，在工程交付前进行绿色建设效果评估。开展绿色低碳客站试点示范工作，建设一批节能低碳型铁路客站。

（三）推进铁路电气化改造

有序推进既有铁路电气化改造，新建、改建铁路项目优先采用电气化标准建设。升级电力供应系统，确保电气化铁路用电的稳定供应。推动电气化铁路供电系统电源侧接入技术绿色转型升级，大力开发推广"源、网、车、储"一体化新技术。积极探索推广自洽式风光氢储绿色能源供电新模式和优化运用传统电气化制式。推进新能源在牵引变电所和牵引网分布式接入。推动再生制动能量自行吸收、同相供电、大规模储能等新一代低碳智慧技术在牵引供电系统中的应用，促进铁路电气化的升级换代和绿色低碳智慧转型。

三、推动运输装备低碳转型

（一）加快机车车辆更新换代

加快机车车辆更新换代，提升电力机车承运比重。推动超低和近零排放车辆规模化应用。扩大"复兴号"动车组等新型低能耗、低噪声移动装备的应用范围。逐步淘汰年限久、能耗高、排放不达标的老旧车和空调发电车、车载燃煤设备、大型高能耗作业装备。加快推进装用新一代低排放、低油耗中高速柴油机的内燃机车研制应用，采用内电、电电等混合动力技术，实现对调车内燃机车的替代应用。基于高效永磁牵引电机、直驱传动系统、高频牵引变流系统、动力电池集成应用等创新技术，研制并批量应用新一代电力机车，提升整车效率、功率因数、综合能耗、外部噪声及检修周期等能效水平。推动氢燃料电池、低碳燃料发动机及多元组合动力在站场调车作业及短途低运量城际、市域客运牵引场景的示范应用。加大CR450科技创新工程关键核心技术攻关力度，开展列车减阻提效、噪声控制等关键技术研究，打造更加节能环保的新一代高速动车组技术平台。积极争取国家节能减排专项资金，推进机车车辆更新、旅客列车空调节能变频改造和制冷剂绿色升级。新增机车应优先购置新型低能耗、低排放机车。具备条件的铁路物流基地内部车辆装备和场内作业机械等总体完成新能源、清洁能源动力更新替代。

（二）降低内燃机车排放水平

大力推进高耗能高排放机车新能源化提升替换工作，开展既有老旧内燃机车柴油机排放优化升级技术研究。新造内燃机车应采用新技术，实现柴油机排放、油耗指标均达到国际先进水平，有效控制内燃机车碳排放。开发储能、燃料电池、替代燃料等低碳新技术。推广列车自动驾驶、智能能源管理等智能化和自动化技术，提高铁路运输系统能效。

四、优化调整运输结构

（一）提高铁路承运比重

提升铁路骨干通道运能，推进干线铁路能力紧张区段改造，提高中西部地区铁路网覆盖水平。完善铁路集疏运系统，推进既有铁路强网补链，加快完善浩吉、瓦日、唐包、朔黄、大秦等铁路煤运通道集疏运体系建设，提高晋陕蒙等煤炭主产区大型工矿企业煤炭和焦炭运输的铁路承运比重。加快大型工矿企业、物流园区、储煤基地、粮食储备库等铁路专用线及联络线建设，加快中长距离和大宗货物运输"公转铁"，提升大宗货物清洁化、低碳化运输水平。各省（自治区、直辖市）抓紧落实公路煤炭运输环境污染治理工作，制定加强公路超载超限治理的实施措施，提升煤炭中长距离铁路运输占比。发展重载直达、班列运输、冷链物流、集装箱多式联运和铁路快运等高效集约绿色运输方式。出台优惠政策，优化铁路货运定价模式，提升铁路运输市场竞争力，激励货主企业和物流主体选择铁路运输。

（二）大力推进多式联运发展

构建以铁路为主体绿色低碳经济物流网络。提高沿海、内河主要港口重要港区和物流园区铁路专用线接入比例。加强铁路联运枢纽布局建设，强化与干线物流通道、国家物流枢纽等重大物流基础设施的协调联动，完善铁路货运枢纽和物流基地布局，加快重点区域城市铁路场站适货化改造，整合铁路货运枢纽和物流基地资源，加强铁路与其他运输方式衔接，加快补齐重点铁路枢纽联运转运衔接设施短板，推进直辖市、省会城市生产生活物资采取公铁联运等"外集内配"物流方式，提升综合运输服务能力和效率。推进设施设备装备硬连通，提升规则标准服务软联通，促进不同运输方式信息对接和高效利用。持续扩大铁水联运规模，推进大宗货物和集装箱铁水联运系统建设，以铁路与海运衔接为重点，推动建立与多式联运相适应的规则协调和互认机制。加快推进多式联运"一单制""一箱制"发展，研究制定多式联运信息共享和数据传输交换标准，推动铁路集装箱信息与船舶运输、港口作业等信息共享，加快铁路境外还箱点和回程运输组织体系建设，逐步探索铁路运输单证、联运单证实现物权凭证功能。推动实施好铁水联运高质量发展行动方案，全面实现长江干线主要港口铁路进港，提高海铁联运比重。支持多式联运经营发展，实行"一次委托、全程服务"服务模式，提高物流效率。实施多式联运示范工程，培育多式联运经营主体，推进各种运输方式的企业向多式联运经营人转型，丰富一体化联运服务产品，打造多式联运品牌。

五、推进绿色运营维护

（一）提高运输效率

制定合理高效的运输组织方案，精准实施"一日一图"，优化调整列车运行径路，高效配置运力资源，提升路网通达性和整体运输能力。大力发展列车智能调度和编组技术，采用第五代移动通信技术（5G）、北斗卫星导航系统（简称"北斗"）等新的通信信息技术，优化列车调度和编组，提高列车运行效率。提高客车利用效率，提升客车客座率，降低单位运输能耗。采用先进物流管理技术，优化货运组织方案，推进铁路场站适货化改造，系统优化货车车流径路，实施货运列车提速提质，提升装卸、中转技术作业效率，提高货物直达运输比例和周转效率，减少货物滞留时间。推进调度指挥智慧化进程，建立物流运输信息平台，实时监控列车运行情况，动态调整列车运营计划，优化列车间隔和交路安排，降低运输能耗。

（二）推进绿色运维

推动铁路运维体制绿色低碳转型，支持机车车辆修程修制进一步规范化、科学化。逐步淘汰老旧、高能耗的检修工装设备，更新使用低耗能检修维护设备机具。持续优化检修工艺，提升运营检修的数字化、智能化水平。推广智能巡、检、修技术和无人机、机器人等智能装备应用。推进工务轨道车、供电作业车、综合检测车、救援列车等运维车辆进行新能源动力更新改造。采购环保型、低碳型设备和材料，推动绿色供应链建设。改进废弃物处理方式，开展废弃物分类回收和资源化利用，减少对环境污染。加大既有锅炉脱硫除尘设施升级改造力度。强化检修段所挥发性有机化合物（VOCs）废气净化治理。强化铁路绿化工程维养。推动铁路货场等重点场所非道路移动机械绿色低碳试点应用。

六、建立长效发展机制

（一）积极参与碳市场建设

组织编制铁路领域碳排放核算方法，开展行业碳排放清单编制，挖掘行业各环节碳减排潜力。鼓励铁路行业企业积极参与碳排放核算，推动建立企业碳账户。开展碳减排场景识别，组织编制铁路领域碳减排量化方法，按照碳市场主管部门要求，推动温室气体自愿减排项目方法学研究，引导鼓励铁路领域相关企业积极参与碳交易市场。建立铁路行业数字化碳资产管理平台和行业碳排放数据库，编制和发布铁路行业低碳指数。推动绿色金融与铁路行业绿色低碳发展深度融合，出具绿色项目识别及量化标准，支撑金融机构利用绿色信贷、绿色债券等金融工具向铁路行业企业提供绿色金融服务。推动上市企业通过社会、环境和公司治理（ESG）报告披露环境绩效及碳排放情况，提高利益相关方对企业的认可度。

（二）完善技术标准体系

鼓励铁路科研机构和企业进行低碳关键技术攻关。鼓励铁路企业推广应用绿色低碳新技术、新材料、新工艺、新设备。建立铁路行业绿色低碳技术、装备、产品目录清单，推广一批技术水平先进、经济效益良好、适用范围广阔的绿色低碳技术、装备和产品。推动铁路绿色低碳标准建设，加强国家标准、团体标准、行业标准的协调发展。开展铁路领域碳排放核算、监测、计量和评估认证体系相关研究，完善绿色铁路、绿色客站评价体系。

（三）加强国际交流合作

积极参与气候治理国际合作，与国际铁路联盟、国际铁路协会、国际铁路联合会、欧洲铁路共同体等国际铁路组织共同推动铁路绿色低碳发展，参与国际标准化组织相关标准制修订，加大绿色技术合作力度，促进节能环保产品和服务的进出口。建立国际铁路低碳化发展合作机制，组织开展国际会议、论坛，交流各国铁路行业低碳发展经验和做法。推动"一带一路"绿色铁路基础设施共建共享。

第三节 运输装备更新行动

2024年5月31日,交通运输部等部门印发的《交通运输大规模设备更新行动方案》(交规划发〔2024〕62号)提出,推动新一轮交通运输设备更新换代。2024年9月26日,国家铁路局印发的《老旧型铁路内燃机车淘汰更新监督管理办法》(国铁设备监规〔2024〕24号)提出,鼓励和引导铁路行业新一轮大规模设备更新换代。

一、总体要求

老旧型铁路内燃机车淘汰更新工作应当聚焦美丽中国建设相关任务,坚持锚定目标、严格标准、统筹实施、强化监管的原则,充分发挥市场主体、政府主导作用,以设备更新换代推动铁路行业转型升级。老旧型铁路内燃机车所有人负责老旧型铁路内燃机车淘汰更新管理工作,研究制定老旧型铁路内燃机车淘汰计划并组织实施。国家铁路局负责全国老旧型铁路内燃机车淘汰更新监督管理工作。各地区铁路监督管理局负责辖区内铁路局集团公司、地方铁路企业、厂矿企业等机车运用企业的老旧型铁路内燃机车调查统计,以及老旧型铁路内燃机车淘汰更新监督检查工作。

二、老旧内燃机车淘汰更新

老旧型铁路内燃机车的报废运用年限为30年。老旧型铁路内燃机车有下列情形之一的,应当报废,不得参与铁路运输:①运用年限满30年的;②对经修理、调整或者采用控制技术后,排气污染物排放仍不符合国家法律法规或强制性标准要求的,或排气黑度超过限值的;③发生事故或者遭遇意外灾害导致主要部件破损严重且无法恢复其基本性能的;④其他原因需要报废的。使用已达到报废运用年限机车零部件拼装的老旧型铁路内燃机车,不得参与铁路运输;尚未达到报废运用年限且有改造价值的老旧型铁路内燃机车,在履行相关手续的基础上可实施新能源改造。至2027年底,重点区域的老旧型铁路内燃机车应当全部退出铁路运输市场;至2035年底,老旧型铁路内燃机车应当基本退出铁路运输市场。禁止生产淘汰目录内的各型铁路内燃机车;禁止销售达到报废运用年限的老旧型铁路内燃机车。鼓励老旧型铁路内燃机车提前淘汰。

老旧型铁路内燃机车所有人应当核查机车运用年限,合理确定机车用途及运用范围，采取有效措施，加强机车运用状态跟踪管理，严格按照有关规定及标准进行维护保养，确保性能安全可控。老旧型铁路内燃机车淘汰应当按规定程序办理报废拆解或者处理手续。老旧型铁路内燃机车报废时应当以机车车号为唯一识别代码，经辖区地区铁路监督管理局确认机车车辆主体结构已被拆解且不可恢复，并出具《机车车辆拆解完工报告书》。

三、新能源机车更新换代

更新的铁路机车应当符合技术指标先进、安全性能可靠、智能绿色高效的铁路装备技术发展方向，产品性能满足国家标准、行业标准、技术规范要求，具有更优油耗和排放水平，大气污染物排放满足《铁路内燃机车及其发动机排气污染物排放限值及测量方法》要求。铁路装备设计制造企业应当贯彻落实"双碳"目标，积极开展更加安全、高效、绿色的铁路机车技术攻关和谱系化研究，以技术创新支撑引领铁路机车更新提质。铁路装备使用企业应当采取措施推进铁路运输生产节约集约、绿色低碳发展，积极推动铁路机车绿色低碳转型更新，并加强更新铁路机车的使用和维修管理，按规定办理铁路机车车号登记手续。国家铁路局鼓励和支持相关铁路企业通过购置或者租赁模式推动新能源铁路机车应用。

新能源铁路机车，包括但不限于采用动力电池、氢燃料电池、低碳/零碳发动机等非传统动力系统或者与柴油发电机组相结合的混合动力系统作为完全或主要牵引动力能量来源，以实现绿色低碳为目标的新型铁路机车。

第四节　铁水联运高质量发展

2023年1月31日，交通运输部、自然资源部、海关总署、国家铁路局、国铁集团印发的《推进铁水联运高质量发展行动方案（2023—2025年）》（交水发〔2023〕11号）提出，加快运输结构调整优化，推动交通运输绿色低碳发展，着力推动铁水联运高质量发展。

一、提升设施联通水平

（一）加强港口与铁路的规划和建设衔接

统筹考虑港口集装箱、大宗货物铁水联运发展需求，在港口新建或改扩建集装箱、大宗干散货作业区时，原则上同步规划建设集疏运铁路。依托国土空间规划"一张图"实施监督信息系统，与国土空间规划管控要素强化协调衔接。加强港口和铁路的规划衔接，做好联运发展线路、枢纽建设用地预留。统筹考虑主要港口建设条件、运输需求、货源分布等，加强集装箱、大宗货物铁路运输骨干通道与港口集疏运体系规划建设，推动铁路运输网络和水运网络的高效衔接。

（二）加强港口集疏运铁路设施建设

建立港口集疏运铁路建设项目清单管理和更新机制，根据项目前期推进、用海用地要素保障和投资落实等情况，对集疏运铁路建设项目动态更新。重点实施主要港口重要港区集疏运铁路及"最后一公里"畅通工程，配足到发线、调车线、装卸线等铁路设施，实现铁路深入码头堆场。鼓励地方人民政府和港口、航运企业积极参与集疏运铁路项目建设，推进港口集疏运铁路投资建设多元化。

（三）加强港口后方铁路通道与内陆场站能力建设

研究港口后方铁路运输能力问题，加快不满足运输需求的瓶颈路段的新线建设或扩能改造。建好用好铁水联运的铁路场站，完善接卸、堆场、道路等配套设施，推进铁路港站与港区堆场"无缝衔接"。结合国家物流枢纽、国家综合货运枢纽、铁路物流基地等，推动铁水联运铁路场站布局优化调整，实施一批铁路内陆场站建设和扩能改造项目，满足业务办理需求。

二、提升联运畅通水平

（一）优化联运组织方式

鼓励铁路、港口、航运企业联合开展市场营销，加强铁水联运货源开发，大力发展跨境电商、冷藏箱、商品汽车、适箱散货等铁水联运，推动形成"联运枢纽＋物流通道＋服务网络"的铁水联运发展格局。推动铁水联运全程组织，探索开展联运集装箱共享共用、联合调拨，减少集装箱拆装箱、换箱转运、空箱调运等，在铁水联运领域率先实现"一箱到底、循环共享"突破。有条件的区域推进铁路重去重回、直达运输等方式，开通点对点短途循环班列，提升运输时效性。

（二）拓展联运辐射范围

根据运输需求、货源分布等，积极拓展主要港口国内国际航线和运输服务辐射范围，支持将海港功能向内陆延伸，促进海陆高效联动，提升海港辐射带动能力；拓展铁路货运市场，加强铁路班列、船舶班期的衔接匹配，增强铁水联运服务能力和水平。统筹布局铁路集装箱、大宗货物办理站点，发展铁路无轨站，拓展内陆货源市场。加快国际集装箱铁水联运发展，进一步推动以主要港口为节点的中欧班列、过境运输班列和西部陆海新通道班列发展。发挥"西煤东运""北煤南运"联运主通道作用，推动联运装备自动化、专业化、绿色化发展，进一步增强煤炭铁水联运服务和保障能力。

（三）充分挖掘联运通道运输潜力

挖掘联运铁路货运潜能，统筹高速铁路动车组与普速列车、客车与货车运输需求，统筹国家铁路、地方铁路等运输能力，进一步简化铁路箱提还箱手续，提升不同产权铁路直通运输便利化水平。挖掘联运港口潜能，通过码头改扩建、设备自动化改造、增配桥式起重机、扩容堆场等方式，积极推进既有集装箱码头智能化改造、通用码头专业化改造、老旧码头提升改造工作，提升港口服务保障能力和安全韧性。挖掘联运船舶运输潜能，进一步优化船期安排、船岸衔接，加快船舶运力周转。

（四）推进"散改集"运输

积极推进粮食、化肥、铜精矿、铝矾土、水泥熟料、焦炭等适箱大宗货物"散改集"，加强港口设施设备建设和工艺创新，鼓励港口结合实际配置"大流量"灌箱、卸箱设备，鼓励铁路针对大客户开行"散改集"定制化班列。深入开展港口内贸集装箱超重运输治理，加强港口、航运、铁路企业间联动，禁止超重箱进出港口、装卸车，促进铁水联运安全发展。

三、提高联运服务效能

（一）培育铁水联运龙头企业

鼓励支持铁路、港口、航运、货代等企业加强合作，以平台为支撑、以资本为纽带、以股权合作为方式，通过成立合资公司、组建运营机构、成立区域发展合作联盟、跨产业集群等形式，加强联运物流资源整合，支持发展专业化、数字化、轻资产的多式联运经营主体，培育壮大全程物流经营人，提供全程综合物流解决方案。鼓励具备条件的联运经营人开展业务流程改造，压缩业务冗余环节，提供"一站托运、一次收费、一次认证、一单到底"的"一站式"门到门服务，打造铁水联运龙头企业品牌。

（二）提升口岸通关便利化水平

积极推进便捷通关，鼓励具备条件的地区利用先进技术设备快速完成进出口集装箱货物检查，增强铁水联运客户黏性。研究推广进口货物"船边直提"和出口货物"抵港直装"模式。推动条件成熟的铁水联运港站与港区作业一体化管理，实行快速通关、快速装卸转运，减少"短倒"运输。

（三）推动铁水联运"一单制"

推进铁水联运业务单证电子化和业务线上办理。依托多式联运示范工程建设，开展集装箱铁水联运领域"一单制"，研究在铁水联运领域率先突破"一单制"运单物权问题。鼓励具备条件的联运企业发展"一单制"服务，研究完善"一单制"电子标签赋码及信息汇集、共享、监测等功能，推动单证信息联通和运输全程可监测、可追溯。

四、营造良好发展环境

（一）完善铁水联运标准规则

研究推动水运和铁路在货物分类、装载要求、运输管理、安全监管、计费规则、危险货物等方面的政策法规标准协调与衔接，加强联运装备技术、作业程序、服务质量、电子数据交换等标准制修订。开展统一水运、铁路运输货物品名划分研究，完善铁水联运作业规则体系，研究含锂电池货物等的铁水联运标准，开展铁路运输双层高箱及其专用车型技术条件的研究。

（二）健全市场价格体系

鼓励港口企业实行铁水联运业务港口作业包干费优惠，铁路、航运企业延长集装箱使用期，研究完善铁路运价调节机制，鼓励港口、航运、铁路企业与客户签订量价互保协议、延长堆场堆存使用期等，研究"一口价"联运收费模式，提升铁水联运价格优势和市场竞争力。规范铁路、港口、船代、船公司、货代等重点领域和环节收费行为，做到清单与实际相符、清单外无收费。实施灵活的铁路价格调整策略和运费结算模式，给予信用较好单位一定的结算期。

（三）强化科技创新驱动

推动5G、北斗、大数据、区块链、人工智能、物联网等在铁路水运行业深度应用，探索推进跨区域、跨业务协同和货物全程追踪。推动海关、海事、铁路、港口、航运等信息开放互通，探索实时获取铁路计划、到发时刻、货物装卸、船舶靠离港等信息，实现车、船、箱、货等信息实时获取。支持铁水联运信息系统互联互通，鼓励发展第三方供应链全链路数据互联共享服务。完善铁水联运信息交换接口标准体系，推动铁路、港口等信息系统对接和实时交换，提升港铁协同作业效率和联运服务整体效能。

行业篇

INDUSTRY REVIEW

2024年2月28日，国家铁路局局长费东斌在国务院新闻办公室举行的"推动高质量发展"系列主题新闻发布会上指出，作为综合交通运输体系骨干，铁路具有运量大、能耗低、排放少的特点，大力发展铁路运输是交通运输领域实现"双碳"目标的重要手段和途径。《推动铁路行业低碳发展实施方案》明确，到2030年，铁路单位运输工作量综合能耗和单位运输工作量二氧化碳排放较2020年下降10%，铁路电气化率达到78%以上，沿海港口重要港区铁路进港率达到80%以上，电力机车占比力争达到70%以上。围绕这些目标，国家铁路局2024年重点抓好三件事：一是进一步发挥铁路运输骨干作用。落实中央财经委员会第四次会议关于降低全社会物流成本的有关部署，优化调整运输结构，推进煤炭、矿石等大宗货物运输"公转铁"。加快铁路专用线建设，降低建设和使用成本，完善铁路集疏运系统。大力发展铁路集装箱运输，提高集装箱铁水联运比重。二是大力推广应用铁路新能源装备。制定内燃机车排放标准和管理办法，完善更新补贴政策，加快推动新能源机车推广应用，力争到2027年实现老旧内燃机车基本淘汰。三是推进铁路建造、运维全面绿色转型。提升铁路工程绿色建造水平，降低铁路基础设施建设能耗和排放水平，推动铁路运输组织、调度指挥智慧化，大力发展列车智能调度和编组技术，提升铁路运维管理、运营检修的数字化、智能化水平。

中国铁路绿色低碳
发展报告（2024）

Report on Green and
Low-Carbon Development of
China's Railways (2024)

第四章 铁路绿色低碳发展成就

2024年，铁路行业把推动绿色低碳转型作为交通强国铁路先行的战略性任务，将生态优先、节约集约、绿色低碳的发展理念融入铁路规划、设计、建设和运维的各个环节，坚持技术创新驱动、改革创新激励、系统联动推进，做到节约集约利用资源，深入推进污染防治攻坚战，减少能源消耗和污染物排放，有效做好铁路节能环保工作，持续提升绿色低碳发展水平，逐步构建高效、清洁、低碳的铁路运输体系。

第一节 铁路网络布局持续完善

我国铁路路网质量持续提高，基本建成覆盖广泛、布局合理、层次分明、安全高效的铁路网络。

一、路网规模质量大幅提升

"四纵四横"高速铁路主骨架全面建成，"八纵八横"高速铁路主通道和普速干线铁路加快建设，建成世界营运里程最长的铁路网和规模最大的高速铁路网。西南交通大动脉贵南高速铁路、粤东革命老区快速客运通道广汕高速铁路、世界级旅游线杭昌高速铁路、京雄城际铁路等先后建成投入营运，"轨道上的粤港澳大湾区"加快建设，广深港高速铁路开通实现香港接入国家高速铁路网，弥蒙高速铁路开通营运标志着我国30个自治州内首条城际高速铁路开通营运，拉林铁路开通结束了藏东南地区不通铁路的历史，复兴号开上雪域高原。

2024年，铁路行业以《"十四五"铁路发展规划》为引领，以《中华人民共和国国民经济和社会发展第十四个五年规划和2035年远景目标纲要》中明确的102项重大工程中涉铁项目为重点，统筹重大项目建设和既有路网的强网补链，加快推进在建铁路项目有序实施，将军庙至淖毛湖铁路、池州至黄山高速铁路、潍坊至烟台高速铁路、渝昆高速铁路重庆至宜宾段、兰张高速铁路中川机场至武威东段等线路建成通车营运，现代化铁路网越织越密，全国铁路营业里程达16.2万公里，其中高速铁路营业里程约4.8万公里，分别较2012年底增长66.0%、394.8%。地方铁路超2.5万公里，铁路复线率超60%。建成投用铁路客运车站超3300座，其中高铁车站超1300座，铁路网已覆盖全国99%的20万人口以上城市，高速铁路网覆盖全国97%的50万人口以上城市。铁路网特别是高速铁路网规模和质量的重大跃升，拓展了路网通达性和覆盖面，扩充了铁路客运能力，为促进沿线人员流动、产业联动、经济互动提供了强有力支撑。全国铁路线网营运里程、全国铁路复线率分别见图4-1、图4-2。

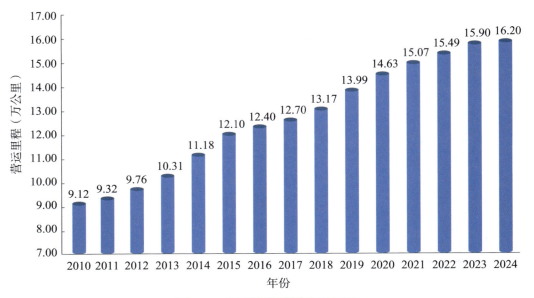

图4-1 全国铁路线网营运里程

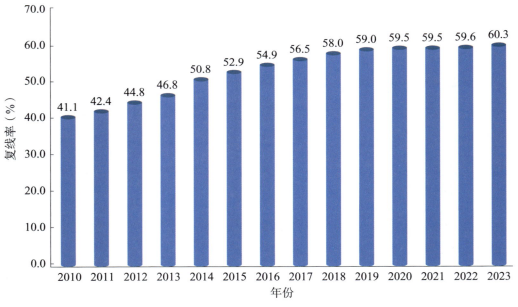

图4-2 全国铁路复线率

铁路建设是国家基础设施建设的重要支柱，铁路固定资产投资的增长是经济发展的强大引擎。2024年，铁路行业深入贯彻落实党中央关于构建现代化基础设施体系的决策部署，高质量推进铁路建设。铁路建设投资拉动作用显著。2024年，全国铁路固定资产投资累计完成8056亿元，同比增长11.3%，投产铁路新线3113公里，其中高速铁路2457公里，发挥了铁路投资对全社会投资的带动作用。全国铁路固定资产投资见图4-3。

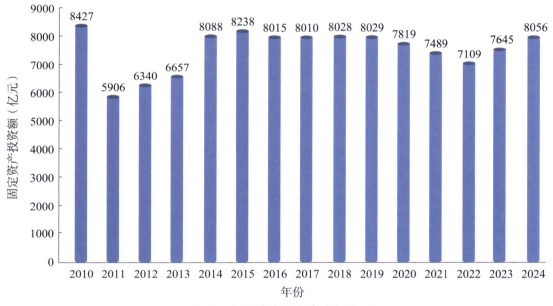

图4-3　全国铁路固定资产投资额

二、铁路专用线建设加快推进

铁路专用线不仅是大宗货物运输的必经之路，而且是打通铁路运输"最后一公里"、畅通"微循环"、推动"公转铁"和铁水联运的重要基础设施，对推进运输结构调整和绿色低碳转型具有重要意义。

我国不断加大铁路专用线政策支持力度，加强要素保障。《关于加快推进铁路专用线建设的指导意见》（发改基础〔2019〕1445号）、《关于加强用地审批前期工作积极推进基础设施项目建设的通知》（自然资发〔2022〕130号）和《综合客运枢纽投资补助项目管理办法》（交规划发〔2022〕95号）等政策文件明确提出，强化规划设计、严格可研编制报批审批、提升营运水平、加强要素保障等要求。国家发展改革委、国家铁路局、国铁集团大力推进2024年铁路专用线等重点项目建设。

地方政府持续完善配套措施，推动重点项目建设。云南、山西、山东、河南等省份建立了推进铁路专用线建设联席会议制度，云南出台了《加快铁路高质量发展的意见》，山东出台了《货运铁路联网、补网、强链三年行动方案（2024—2026年）》，河南出台了《加快推进铁路专用线进企入园工程实施方案》，广东省出台了《广东省交通运输厅　广州铁路监督管理局　中国铁路广州局集团有限公司　中国铁路南宁局集团有限公司关于推进广东省铁路专用线高质量发展的意见》。2024年以来，全国已建成朔准铁路五字湾专用线等铁路专用线，启动了内蒙古能源集团金山第四发电有限公司2×66万千瓦煤电扩建项目运煤铁路专用线、江苏常州多式联运基地铁路专用线及配套工程、甘肃中胜浩通桥湾公铁物流铁路专用线项目、重庆科学城江津片区（双福工业园）铁路专用线、江苏连云港经济开发区加工装配园区铁路专用线、河南黄寨铁路专用线、河南新亚全通物流铁路专用线等。

第二节　绿色铁路建设有力推动

我国持续推进现代化绿色铁路工程建设，推进绿色铁路和绿色客站建设，实施绿色货站补短板，推进铁路沿线环境整治，服务建设高质量国家综合立体交通网。

一、绿色铁路建设水平不断提高

（一）提升绿色设计水平

在规划设计阶段，铁路行业坚持生态优先、绿色发展的理念，优化线路选址，尽量减小对生态环境的影响。优化线路纵断面及站场平面布置，尽量减小线路坡度，紧凑布置车站"咽喉"区，减少营运和养护工作量。优化线路及车站高程，做好路桥隧方案综合比选，注重填挖平衡设计，充分利用挖方弃渣作为路基填料，结合地方市政广场等道路工程充分消纳挖方量及弃渣，从设计源头减少弃渣数量并提高综合利用率。优化工程措施设计，减少施工开挖量和开挖创面；合理确定大临设施布置，尽量永临结合利用铁路永久征地，集约节约土地资源，同时注重临时用地复垦设计。落实环评批复要求，设置必要的声屏障、减振设施等，减少铁路营运对周边居民的生活影响。

沪宁沿江高速铁路在建设之初将生态景观纳入规划设计，全线撒播草籽近100万平方米，并会同地方政府部门同步打造车站桥下景观，因地制宜布置城市通廊、园林景观。中老铁路将绿色发展理念融入建设营运全过程，中国铁路昆明局集团有限公司根据沿线不同气候特征、植被状况、地域文化等特点，因地制宜地选择绿化植物，夯实地基、固化边坡，减少水土流失。在建设过程中，积极应用太阳能光伏板、地源热泵等节能环保的新材料、新技术，推动绿色施工。

（二）提升铁路绿色建造水平

国铁集团贯彻落实《数字中国建设整体布局规划》和《交通强国建设纲要》，积极推广运用空天地一体化勘察技术及建筑信息模型（BIM）+ 地理信息系统（GIS）信息化手段，构建铁路空天地一体化工程勘察技术体系，为铁路智能建造、装配式技术应用提供支撑；积极推广路基智能填筑、桩头前截法、桩帽土模法、水泥粉煤灰碎石桩（CFG桩）一体化出土清运等工艺工法应用，提高施工效率，减少人力及能源消耗；积极推广应用植物生态护坡、装配式桥梁、隧道和路基支挡结构等绿色、装配式建造技术，减少圬工使用量，提高碳汇效能；推广智能梁场、轨道板厂、拌和站、钢筋加工厂、小型预制构件厂、接触网预配工厂等智能化工厂化建造技术，不断提升生产效率和能源利用率。同时依托部分重点项目，积极推广新能源装备，创新工艺工法和装备集成等。如（通）苏（州）湖（州）城际铁路建设过程中，中国中铁制定施工环境噪声污染防治措施，通过在施工沿线重点区域安装隔音墙、噪声自动监测设备，值班人员配置手持噪声监测仪等方式，做到实时监控，将噪声水平严格控制在允许范围内。

严格环水保过程管理和验收审查。在铁路建设项目施工图审核、施工组织审查、开工准备等阶段严格把关，严格环水保"三同时"制度，按照环评水保批复意见和设计文件要求，抓好铁路建设期生态环境保护工作，坚持常态化文明施工，强化全过程指导和监管，全面保障在建铁路项目绿色工程建设。严格控制施工过程中"水、气、声、渣"排放，减少对自然环境和社会环境的影响。推进新开通项目环水保验收相关工作，确保依法依规开通。2024年，国铁集团完成宣绩、池黄、渝昆铁路重庆至宜宾段、杭温、包银、兰张三四线中川机场至武威段等新开通项目环水保静、动态验收和自主验收。

（三）提升铁路电气化水平

截至2023年底，全国铁路线路电气化率达到75.2%。加快推进既有铁路电气化改造项目，重点推进部分修建时间比较早、铁路技术标准等已无法满足沿线出行及运输要求的线路，开展增建二线或电气化改造工作，启动黑铁路新建二线及电气化改扩建工程、格库铁路扩能改造工程、中卫至平凉铁路扩能改造工程等项目。陕西甘钟铁路电气化改造、南同蒲线东镇至店坡段扩能改造、云南昆玉铁路扩能改造等项目前期工作加快推进。2023 年 12 月，兰新铁路精河至阿拉山口段增建二线双线电气化开通营运，"新亚欧大陆桥"国内段铁路大通道形成双线营运。2024 年，国家能源集团朔黄铁路黄万线电气化改造完成并开通营运，年运输能力可提升约 300 万吨，预计每年减少燃油消耗约 4.8 万吨、二氧化碳排放量约 14.8 万吨。全国铁路线路电气化率见图 4-4。

图 4-4　全国铁路线路电气化率

二、绿色客站建设成为节能减排新亮点

国铁集团把绿色低碳作为客站建设的重要指标，科学合理确定客站规模，严格按照绿色建筑相关标准进行设计和建设，推进站房绿色升级。做好客站区域与城市规划、城市功能、城市配套有机融合共生，土地集约利用。引入建桥合一、自然通风、隔音降噪、绿化及中央光庭等绿色设计理念，营造良好的候车环境。大力推广围护结构保温隔热设计、节能灯具、节水设备、地源热泵及空气源热泵等节能设备应用，节能效果显著。逐步推广智能客服系统、集成智能监控系统等应用，提高车站管理的智能化和便捷化水平，减少人员配置，节约营运成本。

长沙南站综合能源服务项目的 EER（空调系统的能效比，表示空调在特定状态下每消耗 1 千瓦时电所能产生的制冷量）提升 1.0 以上。南宁东站中央空调和照明设备等实现智能化控制，站内温度始终保持在人体体感舒适范围，照明区间可以自动感应，调节明暗，每年可节约用电约 322 万千瓦时，节省电费约 200 万元。山东铁路投资控股集团有限公司开展"近零碳"高速铁路车站区探索与实践，研发铁路车站建筑群供能系统，采用能耗预测、气候补偿、供回水温度反馈调节、分时分区供能、温度流量预设控制、末端设备矢量化气流组织等技术，形成自适应自动运行最优用能策略及控制方式，实现高速铁路车站智慧化节能控制。该系统已在济郑高速铁路聊城西站、茌平南站、莘县站、长清站成功运用，合计供热/冷面积8万平方米，系统运行保持稳定，经历了-20摄氏度超低温和连续低温的考验，每年节约用电约328万千瓦时，年节省标准煤约1310吨、减少二氧化碳排放约3265吨。雄安站站房工程建设光伏电站，供站房内部照明、空调等设施用电，平均每年发电约580万千瓦时，截至2024年7月，已减排二氧化碳约2.2万吨。

三、绿色货站建设不断探索

对接《国家物流枢纽布局和建设规划》，建成北京平谷马坊、广州大田、南京尧化门等171个铁路物流基地，加快上海外高桥、苏州陆家浜、扬州江都铁路专用线物流基地等20个物流基地建设，启动实施合肥北、眉山、虎林站等13个既有货运场站补强工程，融入物流园区、产业园区、港口及边境口岸，持续完善铁路场站的多式联运、仓配中心等综合服务功能，促进货运场站的转型升级。江苏已初步形成"2+5+39"（2个一级铁路物流基地+5个二级铁路物流基地+39个三级铁路物流基地）的铁路货场布局，9个重点港区已引入铁路专用线。中国铁路上海局集团有限公司以联网、补网、强链为重点，推进铁路货运场站建设，在长三角地区规划建设39个一级、二级物流基地，159个集装箱办理站，强化集装化、机械化装卸设备设施等综合服务功能，实现集装箱作业无纸化、全流程智能管理，大批量使用35吨敞顶箱装车，提升货物"散改集"运输能力，助力绿色低碳发展。中国铁路广州局集团有限公司全面打造"干线通道+集疏运体系+内陆港"高效衔接的现代物流体系，开通运营长沙北、东莞石龙等8个物流基地，新开工广州大田、深圳平湖南等18个物流基地。中国铁路郑州局集团有限公司整合管内物流资源，成立郑州、长治2个物流中心。中国铁路南宁局集团有限公司选择德保、靖西、钦州港东集装箱中心站为试点，依托铁路货运生产系统打造数字化物流场站，借鉴港口、物流园区、快递分拣中心建设经验，构建设备设施、作业组织、场站服务、安全管控为一体的数字化物流场站。国家能源集团以黄大铁路利津站为试点进行建筑节能改造，通过采取布设光伏清洁能源、增加节能减排措施、水资源循环利用、固碳生态环境改造、智慧化双碳系统运用等措施，结合"花海长廊"观光线路，打造智慧清洁、"零"碳排放的黄河流域生态文明示范站点。

中国通号研发货场作业自动控制系统、智能监控系统、调机自动驾驶系统及货场数字化综合管控平台，在中老铁路磨憨口岸应用，并引入自动导引运输车，实现了传统能源到清洁能源的转变，平均每辆车日均碳排放减少约 48.6 千克，年碳排放减少约 35.5 吨。

四、铁路沿线环境整治得到加强

铁路行业强化林木管护、开展造林绿化、巩固铁路沿线水土生态、美化铁路沿线环境。中国铁路青藏集团公司实施"绿色天路"工程，截至 2023 年底，在全长 1956 公里的青藏铁路沿线栽植乔木、灌木造林 3628 万株，人工种草及植被恢复 350 万平方米，绿化长度达 700 多公里，占可绿化总里程的 80%。截至 2023 年底，中国铁路上海局集团有限公司累计铁路绿化里程 8138.77 公里，栽植乔木 1123.42 万株、灌木 10444.84 万穴，实现了"一站一景"、"一线一特色"、四季常绿、三季有花，打造了与沿线自然环境相协调的"绿色长廊"。国家能源集团包神铁路主动融入"三北"防护林建设体系，在 1228 公里的铁路沿线开展生态修复，实现了铁路建设营运与周边环境绿化同步实施，形成与区域历史风貌和现代景观相融合的沿黄铁路"绿色走廊"。同时，连年开展能源企业造林绿化活动，先后分两批将 1.24 万株 1.2 米高樟子松栽植在铁路驻地紧邻的神木市店塔镇陈家岔村，达到"一次绿化，一次成活，一次成林，一次成景"的目标。中老铁路专门修建了长达 40 公里的防护栅栏，减少铁路对野生亚洲象以及原始森林的影响，打造"人象和谐"的生态铁路。

第三节　铁路运输能力显著增强

铁路行业深化铁路运输供给侧结构性改革，推动我国铁路实现由瓶颈制约型运输到逐步适应型运输的历史性转变，图定日开行客车、货车分别超 1 万列、2 万列，运输供给能力逐年提升，产品谱系日益丰富，旅客周转量、货物发送量、换算周转量、运输密度等主要运输经济指标稳居世界第一。

一、铁路客货运量稳步增长

随着我国经济发展和城市化进程的加快，铁路作为主要的交通方式，客运量逐年增长。2023 年，全国铁路旅客发送量完成 38.55 亿人次，比上年增加 21.82 亿人次，增长

130.4%。其中，国家铁路旅客发送量完成 36.85 亿人次，比上年增长 128.8%，高峰日发送旅客突破 2000 万人次，全年和高峰日旅客发送量均创历史新高；其他铁路旅客发送量完成 1.70 亿人次，比上年增长 170.5%。全国铁路旅客周转量完成 14729.36 亿人公里，比上年增加 8151.83 亿人公里，增长 123.9%。2024 年，全国铁路发送旅客 43.12 亿人次，同比增长 11.9%；全国铁路旅客周转量 15799.01 亿人公里，同比增长 7.3%。高速铁路作为绿色出行的代表，以其便捷高效、低能耗、低排放的特点，已经成为人们出行的首选。全国铁路旅客发送量、旅客周转量分别见图 4-5、图 4-6。

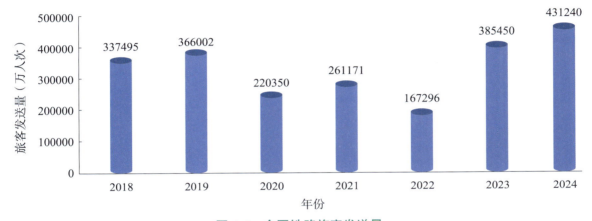

图 4-5　全国铁路旅客发送量

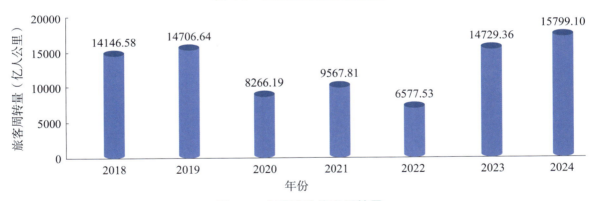

图 4-6　全国铁路旅客周转量

我国铁路货运量、货物周转量稳居世界首位，并持续保持高位运行。2023 年，全国铁路货运总发送量完成 50.35 亿吨，比上年增加 0.51 亿吨，增长 1.0%。其中，国家铁路货物发送量完成 39.11 亿吨，比上年增长 0.2%；其他铁路货物发送量完成 11.24 亿吨，比上年增长 3.9%。全国铁路货物总周转量完成 36460.39 亿吨公里，比上年增加 514.70 亿吨公里，增长 1.4%。我国铁路货运量超过世界排名第二位的美国、第三位的俄罗斯货运量总和。2024 年，全国铁路货运发送量 51.75 亿吨，同比增长 2.8%。铁路行业利用主要货运通道，开行万吨列车，加强西煤东运、北煤南运、疆煤外运组织。全国铁路货物发送量、货物周转量分别见图 4-7、图 4-8。

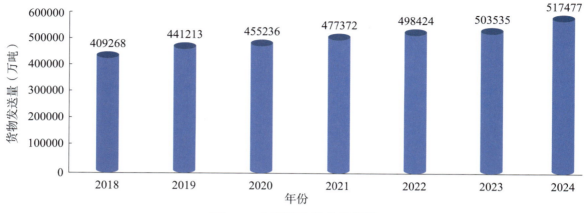

图 4-7　全国铁路货物发送量

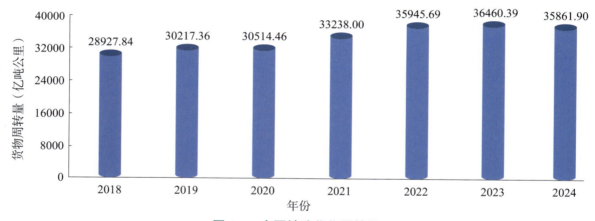

图 4-8　全国铁路货物周转量

全国铁路货运平均运距呈波动态势，2024 年铁路货运平均运距为 693 公里。全国铁路货运平均运距见图 4-9。

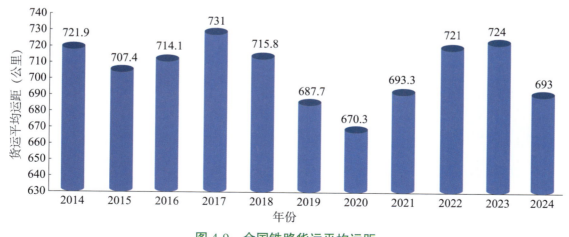

图 4-9　全国铁路货运平均运距

二、铁路运输产品丰富多样

充分发挥高速铁路成网优势，以高速铁路干线为主骨架，持续优化高速铁路网开行结构，形成以复兴号为引领，涵盖不同速度等级，长中短层次分明、供需适配度高、质优量足的高速铁路谱系化产品体系。不断完善"高速铁路+旅游"模式，创新升级"高速铁路+红色景区、高速铁路+网红景点"等特色产品，如中国铁路哈尔滨局集团有限公司的"喀秋莎号"旅游专列、中国铁路沈阳局集团有限公司"龙井号"民俗旅游专列、中国铁路兰州局集团有限公司"环西部火车游·美丽铁路"红色研学专列、中国铁路济南局集团有限公司"齐鲁之星"旅游专列、中国铁路西安局集团有限公司"丝路号"旅游专列、中国铁路上海局集团有限公司"南湖·1921"红色旅游列车、中国铁路昆明局集团有限公司"坐着高铁追寻红色足迹"精品乘车路线等，助力带动旅游经济、银发经济。

以稳定性、经济性、时效性为方向，丰富海铁联运、大宗循环、快捷物流、特色专业物流等谱系化货运产品品牌。"班列+班轮"的铁海快线产品已实现对全国主要港口的全覆盖。2024年6月19日，中国铁路呼和浩特局集团有限公司打通内蒙古首条清洁能源铁海联运"绿色通道"，煤炭专列经河北曹妃甸港后海运发往印度尼西亚。中国铁路成都局集团有限公司、蜀道投资集团有限责任公司等开行往返湖北的"长江班列"，以铁水联运方式有效提升运输时效，较原有水运线路平均缩短运行时间5~10天，助力特色产品出川、生产原料进川。

围绕工业制成品、社会消费品、电商快递等批量货物，打造从时速80公里到时速160公里的班列产品，以及时速250公里的高速铁路快运列车产品，构建"班列+两端公路"的多联快车网络，现已实现对全国省会城市的全覆盖。2024年4月18日，北京—广州的首列时速120公里快速多式联运班列X8743次发车，同年6月1日，中国铁路南宁局集团有限公司"次晨达"快捷班列"南宁—柳州"新路线X812次列车发车，推行"铁路做干线+物流做全程"组织模式。中铁快运股份有限公司推出"高铁急送"产品，覆盖全国4个直辖市、25个省会城市、54个地级市、5个其他县市，实现跨城市"门到门"当日送达。2024年3月26日，快递电商"公转铁"集装箱多联快车从西安国际港站驶出，开往乌鲁木齐三坪站。X387次快递电商"公转铁"集装箱多联快车见图4-10。

图 4-10　X387 次快递电商"公转铁"集装箱多联快车

国铁集团面向医药生鲜、商务及个人急件等高时效需求市场，利用载客动车组快运柜等运力资源，立足高速铁路动车组列车班次密集、安全准时、绿色环保的优势，整合同城配送等社会资源，实行高速铁路沿途城际快件即时配送，城市群内最快 4 小时当日到达，开辟了跨城闪送的新赛道，实现了"当日达"快件服务快速便捷和绿色环保的完美结合。截至 2024 年底，"高铁急送"产品已开通 182 个城市、3764 条线路。

深化国际铁路合作，做好中欧班列、西部陆海新通道班列、中老铁路运输，不断提升开行品质，打造国际联运班列品牌。铁路行业发挥国内和国际合作机制作用，推动中欧班列通道、线路多样性建设，扩大中欧班列辐射范围，持续开展中欧班列西安、重庆、义乌至格鲁吉亚波季、土耳其伊斯坦布尔南通道运输测试，开行新疆乌鲁木齐至意大利那不勒斯跨里海、黑海中欧班列，新开通哈尔滨至荷兰蒂尔堡、石家庄至塞尔维亚贝尔格莱德等中欧班列线路，开行邮政物资、新能源汽车、跨境电商、木材、茶叶、绿豆、冷链等特色班列。在境内，93 条时速 120 公里图定中欧班列运行线联通 125 个城市；在境外，通达欧洲 25 个国家 227 个城市以及 11 个亚洲国家的 100 多个城市。自 2016 年中欧班列统一品牌以来，年开行数量由当年的 1702 列增长至 2024 年的 1.9 万列，增长近 11 倍，发送货物达 207 万标准箱，同比增长 9%，运输品类由信息技术（IT）产品逐步扩大到汽车及配件、机械设备等 53 大类 5 万余种，中欧班列综合重箱率稳定在100%。截至2024年，已累计开行10万列，为推动高水平开放和多元化国际贸易作出了重要贡献。自2017年西部陆海新通道铁海联运班列开行以来，累计开行班列数量突破3万列，集装箱货物年发送量保持高速增长，2024年完成96万标准箱，同比增长11%。截至2024年底，西部陆海新通道铁海联运班列货物运输品类已增加到1166种，辐射我国18个省（自治区、直辖市）73个城市156个站点，通达全球126个国家及地区的548个港口。中越班列运输出、入境货物品类从2019年的116种、14种，分别增长到2024年的364种、180种，中越班列集货地已覆盖广西及周边省（自治区、直辖市）20多个地市，跨境货物运输覆盖越南、老挝、泰国等多个东盟国家。中国哈尔滨—荷兰蒂尔堡中欧班列见图4-11。

图4-11　中国哈尔滨—荷兰蒂尔堡中欧班列

三、铁路运输服务加快转型

截至2024年4月底，全国40个铁路物流中心挂牌成立，国铁集团批复的599个营业部全部组建到位，"95306"货运物流服务中心在各铁路局集团公司顺利落地。发挥全国40个铁路物流中心的作用，推动铁路运输由传统"站到站"向"门到门"全程物流服务转变，发展多式联运，研发新箱型，推动公铁联运、海铁联运高质量发展。2024年，中国铁路上海局集团有限公司与中新钢铁集团有限公司签订长三角铁路物流总包协议，中国铁路呼和浩特局集团公司与包头钢铁（集团）有限责任公司签订"总对总"物流总包服务合同，中国铁路太原局集团有限公司与太原钢铁（集团）有限公司签订物流总包服务合同，中国铁路兰州局集团有限公司与酒泉钢铁（集团）有限责任公司签订铁路物流总包合同等，深化综合物流、贸易、信息平台等领域合作，助力企业降低物流成本，激发区域经济发展新动能。

第四节　铁路科技创新不断突破

铁路科技创新是铁路持续发展的活力来源。从世界首条耐高寒动车组，到抗风沙动车组，再到内电双源动车组，我国铁路科技创新不断突破，新理论、新装备、新技术、新工艺、新产品在铁路行业广泛应用。

一、CR450 动车组样车发布

自主化、智能化、绿色化技术加速创新应用，高速铁路技术竖起国际标杆，"复兴号高速列车"获得国家科技进步奖特等奖，发布实施复兴号 CR400 动车组系列标准等 122 项重要技术标准，CR450 科技创新工程取得重大突破。2024 年 12 月 29 日，在国家铁道试验中心，CR450 动车组样车在万众瞩目中正式发布。CR450 动车组样车见图 4-12。

图 4-12　CR450 动车组样车

作为巩固扩大我国高速铁路技术领跑地位的新一代装备，CR450 动车组样车攻克了牵引系统、减阻降噪、制动控制等关键核心技术，在世界上首次构建了时速 400 公里动车组顶层指标体系，具有更高速、更安全、更节能、更舒适、更智能的代际特征，运行速度、运行能耗、车内噪声、制动距离等主要指标国际领先。

从 CR400 到 CR450，CR450 车体的重量比 CR400 复兴号列车减少 12%，同时运行阻力、能耗指标各降低 20%；制动性能和牵引效率分别提升 20% 和 3%；制动响应时间由 2.3 秒缩短至 1.7 秒。

二、新能源装备研发力度加大

铁路装备企业加大科研攻关力度，装备技术加快升级换代，加快大功率重载机车等重点装备研发应用。中国中车面向重载运输、现代物流两大场景，推出 KM81 型智能化煤炭漏斗车和 BX70B 型冷链运输专用平车。BX70B 型冷链运输专用平车，车辆铺设集中供电线缆为冷藏集装箱等需要外供电源的运输装备，提供电能动力，实现冷链物流多式联运全程不断链。在国内独头掘进距离最长的穿海高速铁路盾构隧道——广湛高速铁路湛江湾海底隧道建设过程中，广东省铁路建设投资集团有限公司实现了高速铁路大直径盾构全隧道精准预埋接触网槽道应用，并应用高速铁路海底盾构隧道健康监测技术，创新了高速铁路盾构穿越城市建筑基坑锚索区设计技术。中铁二十局集团有限公司研制出新能源（纯电动）高原隧道施工装备——"天路号"系列产品，攻克了高原铁路施工环境污染严重等难题。截至 2023 年底，该设备累计运行时间达到 2 万小时，行驶里程超过 3 万公里。中铁特货物流股份有限公司研制的 JSQ6 型凹底双层运输汽车专用车，采用 70 吨级铁路货车技术平台配置的双层运输汽车专用车，满足了运动型多用途汽车（SUV）、多用途汽车（MPV）等型车销量快速增长的运输需求，研发了升降式双层站台、动力轮式爬梯新型商品汽车装卸设施设备，装卸作业效率明显提高。BX70B 型集装箱专用平车、湛江湾海底穿海高速铁路盾构分别见图 4-13、图 4-14。

积极吸收绿色装备新技术运用经验，及时编制铁路装备技术标准，为持续推动铁路节能减排和绿色发展提供标准供给。中国铁建承担的《轨道交通 地面装置 电力牵引架空接触网铜和铜合金承力索》(IEC 63190) 国际标准发布，并在雅万高速铁路、中老铁路、中泰铁路、匈塞铁路等中企海外铁路建设项目中得到应用，为电气化铁路接触网承力索导线提供了全球通用的技术标准。中国通号城市轨道交通技术有限公司与相关企业完成城市轨道交通互联互通基于通信的列车自动控制（CBTC）系统的研制、上道及示范应用，解决了城市轨道交通领域不同厂商之间车辆资源互通互换、跨线运营的难题，并研制了具备灵活编组功能的互联互通全自动运行列控系统（FAO）。

图 4-13　BX70B 型集装箱专用平车

图 4-14　湛江湾海底穿海高速铁路盾构

第五节　铁路监管服务得到加强

2024年，铁路安全监管、运输监管、工程监管和设备监管不断加强，持续推进铁路行业高质量发展。

一、加强铁路安全监管

全面开展铁路行业安全生产治本攻坚三年行动，推进23项重点措施落实。狠抓源头治理，持续开展重大事故隐患排查整治，累计排查隐患314处，销号246处。对哈大高速铁路等10条营运10年以上的高速铁路线路开展营运安全评估检查，对16家铁路运输企业开展综合安全检查，对哈伊高速铁路等6个在建项目开展进驻式综合督查，开展工程质量安全"三项整治"、专项行动"回头看"，全面推进问题整改。强化自然灾害风险防范，积极与气象、水利、自然资源、应急等部门沟通协作，加强预报预警，落实汛期安全防范7条硬措施，明确禁行禁停要求，强化停运、限速、绕行等主动避险措施，汛期全国铁路没有发生旅客列车险情。联合地方政府开展公铁联运混装货物运输安全执法检查，强化危险货物运输安全监管。在山东济南召开铁路沿线安全环境治理现场会，总结推广先进经验，推动深化协同治理，全年整治各类问题隐患10万余处，减少铁路平交道口207处，路外伤亡件数和死亡人数持续双下降。

二、加强铁路运输监管

印发交通物流降本提质增效行动铁路领域实施方案。着力推动大宗货物运输"公转铁"，组织开展"煤炭、铁矿石等大宗货物运输""铁水联运发展"等课题研究，推动研究成果落地转化。着力推动多式联运发展，推进实施"一单制""一箱制"。加强铁水联运标准化建设，推动涉铁标准项目落实落地。推动锂电池铁路运输取得实效，实现了新能源汽车、消费型锂电池铁路常态化运输。指导制定动力型锂电池铁路运输团体标准，指导相关企业研制锂电池铁路运输专用集装箱，启动铁路试运行。研究推动储能型锂电池铁路运输，保障新能源产业链供应链安全稳定。

三、加强铁路工程监管

开展专项行动和监督检查,严格招标投标和建设市场监管,强化责任追究,督促参建单位依法建设,促进铁路建设项目安全优质建设。有序推进《铁路建设工程竣工验收管理办法》《铁路建设工程勘察设计管理办法》《铁路建设项目信息和信用信息公开管理暂行办法》《铁路优质工程(勘察设计)奖评选办法》《铁路工程建设工法管理办法》等制修订工作。发布《安全生产治本攻坚三年行动方案(2024—2026年)》,夯实铁路行业安全生产基础,提出持续推动铁路行业安全风险监测预警系统建设应用和升级改造,充分应用大数据、云计算、人工智能、北斗定位等数字前沿技术,推广基础设施结构健康监测和长期性能观测技术,加大移动设备智能检测监测保障技术研究,积极推动设置自然灾害、异物侵限、周界入侵等检测报警系统和桥涵防护预报警设备,指导推进高速铁路全线综合视频监控与智能分析系统应用等任务。沈阳铁路监管局把勘察设计源头质量、施工过程质量和各阶段验收质量作为监管重点,推动参建单位加强各环节质量控制,确保实现建设目标。

督促参建单位落实生态环境保护和污染防治主体责任,严格执行国家节能减排方针政策及施工环保规定,优化工艺工法,全面建设绿色精品工程。常态化组织开展进驻式、会诊式的综合监督检查,重点检查施工粉尘及噪声控制、废污水排放、生活垃圾处理等;持续推行分类分级和差异化精准监管,强化行政执法全链条监督管理,加快构建衔接事前事中事后监管环节的新型监管机制,对问题突出、整改不力、事故多发的参建单位从严监管、依法严肃问责,不断提升铁路工程安全质量监管效能。

加强节能低碳技术创新成果转化应用,提升铁路绿色建造水平。组织开展铁路优质工程(勘察设计)奖和铁路工程建设部级工法的评选评审工作,激励市场主体优化工艺、工法。鼓励施工企业在建设中最大限度降低对生态环境的影响。

四、加强铁路设备监管

加强铁路机车车辆、基础设备产品型号管理,加大许可项目生产现场审查力度,促进企业提升产品质量安全保障能力。加大专用产品在运用现场的抽检力度,完成73厂项产品抽检,同比增加42.6%。首次发布监督检查公告,禁止采购、使用检查发现的不合格无线调车机车信号和监控系统设备。将厂矿企业铁路机车车辆驾驶人员全部纳入监管范围。首次实现铁路机车车辆驾驶资格理论机考，为一线提供便利。首次大范围开展铁路无线电监测，加强无线电频率使用管理。加强铁路关键信息基础设施保护，维护网络和信息化安全。加强铁路工程信用监管，认定公布 30 起失信行为。采用举办示范班、工人夜校等形式，开展铁路建设产业工人培训 60 余万人次，促进提升安全技能。

第六节　铁路绿色低碳成效显著

铁路行业广泛采用节能减排新技术，铁路单位能耗及污染物排放量大幅下降，电力消耗量稳步增长。

一、国家铁路能源消耗量不断下降

国家铁路油和煤炭的消耗呈现下降态势，油消耗量从 2005 年最高峰的 583.3 万吨下降到 2023 年的 221.5 万吨，煤炭消耗从 1985 年最高峰的 2623.6 万吨下降到 2023 年的 7.6 万吨。这表明国家铁路在能源消费上逐渐转向更加清洁的能源，积极探索和应用新的能源技术，以降低能源消耗和环境污染，减少对传统化石能源的依赖。国家铁路油消耗量、煤炭消耗量分别见图 4-15、图 4-16。

图 4-15　国家铁路油消耗量

图 4-16　国家铁路煤炭消耗量

二、国家铁路电力消耗量稳步增长

2023年底，中国铁路线路电气化率达到75.2%，电力牵引成为主力，国家铁路电力消耗量稳步增长，由2010年的355.7亿千瓦时增长至2023年的1041.4亿千瓦时。国家铁路电力消耗量见图4-17。

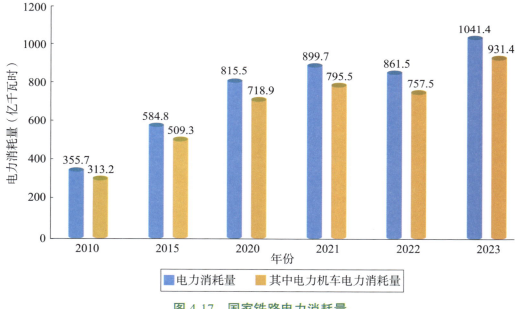

图 4-17　国家铁路电力消耗量

三、国家铁路综合能耗持续下降

在综合能耗方面，2023年国家铁路能源消耗折算标准煤1752.7万吨，比上年增加

231.5 万吨，增长 15.2%。单位运输工作量综合能耗 3.81 吨标准煤／百万换算吨公里，比上年减少 0.13 吨标准煤／百万换算吨公里，下降 3.3%。单位运输工作量主营综合能耗 3.79 吨标准煤／百万换算吨公里，比上年减少 0.11 吨标准煤／百万换算吨公里，下降 2.8%。国家铁路单位运输工作量综合能耗、主营综合能耗分别见图 4-18、图 4-19。

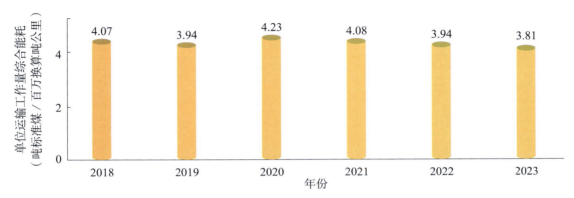

图 4-18　国家铁路单位运输工作量综合能耗（吨标准煤／百万换算吨公里）

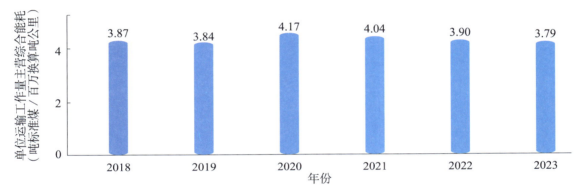

图 4-19　国家铁路单位运输工作量主营综合能耗（吨标准煤／百万换算吨公里）

四、国家铁路污染物排放量显著下降

在主要污染物排放量方面，我国铁路行业加快氢能、电能以及混合能等新能源推广应用，减少燃料消耗及污染物排放。完善列车的运行模式，关停高污染且低效率的路线，减少因运输所涉及的燃油耗用以及污染物排放。在系统配置、车辆结构和运行方式等方面加强技术革新，推动减排技术研发，实施节能减排措施，推行节能减排记录管理。加大环境保护力度，完善行业管理结构，实施责任考核制度，加大行业节能减排资源利用力度。2023 年，国家铁路化学需氧量排放量 1466 吨，比上年增加 39 吨；二氧化硫排放量 652 吨，比上年减少 663 吨。国家铁路化学需氧量、二氧化硫排放量见图 4-20。

图 4-20　国家铁路化学需氧量、二氧化硫排放量

第五章　绿色铁路加快建设

第一节　绿色铁路工程建设

2024年，铁路行业围绕绿色铁路建设，统筹规划设计、施工、运维等环节，以绿色设计引领绿色施工，以绿色科技激活绿色动能，全过程推动节能减排降碳扩绿。

一、绿色铁路设计

川青铁路是我国"八纵八横"高速铁路网兰州、西宁至广州通道的组成部分。项目研究初始就确定了沿线珍稀濒危野生动植物不受影响、景观资源不受破坏、江河水源不受污染、生态环境得以保护的原则。选线时铁路沿既有交通廊道布线，尽量减小对环境产生影响。最大限度绕避大熊猫自然保护区和大熊猫走廊带，给大熊猫"繁育走廊"——土地岭廊道让路。采用"近而不进"的原则，摸清九寨沟、黄龙、神仙池和岷江源、涪江、嘉陵江源头及水源补给区基本状况，绕开相关区域，减小对自然环境的影响。设计采用长隧道等方式，无害化下穿栖息地。川青铁路在穿越千佛山和宝顶沟自然保护区时，采用28.4公里特长隧道下穿方式，减小地表工程对环境的影响。为减小施工爆破、列车运行对野生动物的影响，土地岭之下的榴桐寨隧道埋深甚至达到1000多米。高度重视营运期的生态保护，川青铁路设置了封闭式声视屏障，降低列车运行产生的轮轨噪声，减小列车运行和灯光散射对周边环境的影响。川青铁路路线示意见图5-1。

京张高速铁路在勘察设计中，贯彻绿色低碳理念，从源头降低能源消耗，提高项目能效水平。车站选址，结合城市规划和多种交通衔接方式，与城市、自然环境充分融合并加强一体化设计，提出了绿色规划设计的城市中心采用融入模式（北京北站）、城市连接处采用织补模式（清河站）、城市边缘采用引领模式（张家口站）、历史古迹点采用消隐模式（八达岭长城站）和自然环境点采用共生模式（太子城站）。

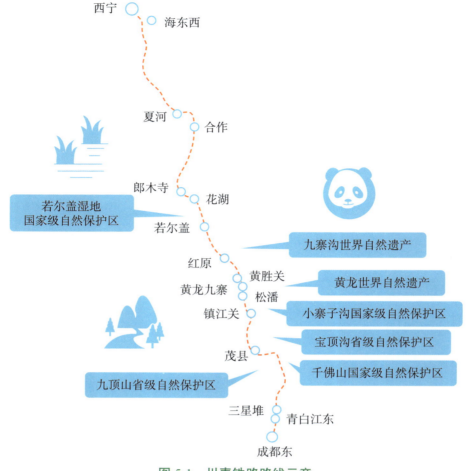

图 5-1 川青铁路路线示意

二、绿色铁路施工

杭温高速铁路以综合防治水土流失为重点，建设标准化示范工点 48 个，在全线采取"空、天、地"一体化水土保持智能感知体系，将节约、绿色、低碳等生态举措融入项目建设。为保护耕地，杭温高速铁路石塔梁场采取集中堆放、种植保护的方式，在表土剥离堆放区播撒草籽及花种，铺设红砖路，放置风车和休闲椅凳，让表土存放区与生活办公区融为一体。

中铁十局集团有限公司研发智慧梁场，实现梁场作业的互联协同、辅助决策、智能生产和科学监管，保证制梁、存梁和架梁流水化作业。智慧梁场较传统梁场可节约土地约 38%，可减少人工约 25%，提高生产效率 80% 以上。智慧梁场已在沪渝蓉铁路、雄商高速铁路等多个项目上成功应用。智慧梁场施工见图 5-2。

中铁隧道股份有限公司研发了隧道智能通风监控系统，并应用到郑万、杭黄、宜兴、长大等铁路项目，节能降效明显。长大铁路部分隧道平导使用智能通风系统，系统使用前，风机安排专人值守，根据工序人工调频，同台风机；智能通风系统使用后，前后能耗对比情况显示，节能约16.4%，减少了专职风机司机人员的投入。隧道智能通风监控系统应用现场见图5-3。

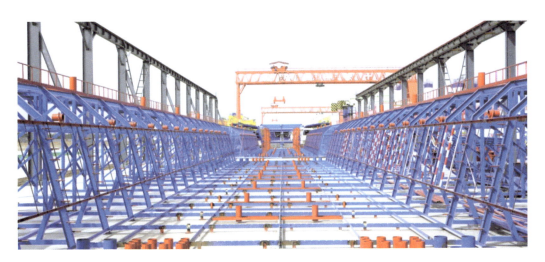

图 5-2　智慧梁场施工

图 5-3　隧道智能通风监控系统应用现场

中铁四局集团有限公司在西成铁路建设中，于利仁隧道出口建设了占地约2000平方米的新能源设备补给中心，配置新能源设备1套，包含电动装载机1台、电动自卸车

4台。新能源设备将电力作为动力源，不消耗氧气、不排放废气，尤其适合高原缺氧、生态脆弱、环保要求高的施工环境。

中铁五局集团有限公司雄忻高速铁路扬尘控制技术，以土方挖装运卸、混凝土拌和站扬尘控制、施工道路扬尘控制等环节为重心，全方位强化扬尘控制。在施工现场安装室外智能降尘设备及 ZRPM2000 型扬尘在线监测系统，利用扬尘在线监测系统实时监测并上传数据。在皮带输送机上增设防尘罩或将皮带机整体封闭，使集料在密闭通道中运行，防止集料粉尘飘扬，并在料仓顶安装 FBP-30B/30Z 喷雾抑尘装置。土方挖装运卸一体化施工扬尘控制技术应用见图 5-4。

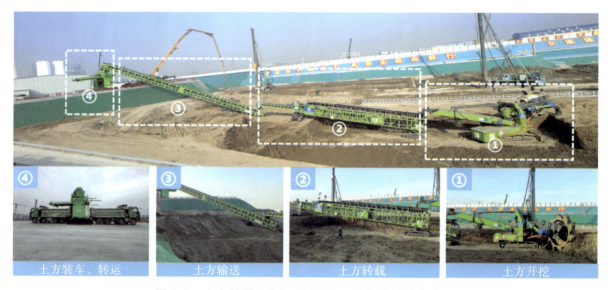

图 5-4　土方挖装运卸一体化施工扬尘控制技术应用

三、低碳铁路客站

铁路客站作为铁路运输的重要建筑，因其空间大、人流密集、交通负荷大、建筑能耗量大，旅客对便捷、舒适性要求高等特点，是铁路节能减排的重要节点。铁路客站建设通过选用低碳建材、低碳采暖系统、可再生能源系统实现低碳排放，建筑屋面根据气候环境选用恰当的保温材料，外窗选择充氩气的三玻两腔构造、高性能围护结构整合应用低碳建材等，以提升其节能效果。对于寒冷地区设置阳光房，以减少冬季采暖负荷。建筑通风方面采用无动力风帽以及排风热回收技术，降低新风处理能耗。采用绿色供电系统，设置光伏系统作为用电补充。广州白云站是具有岭南特色的全新以公共交通为导向的开发（TOD）大型综合交通枢纽，在建设中综合运用自然通风采光、生态植被屋面、屋顶光伏发电、预制装配、高性能机房、能源智能管控等技术，整体站房建设绿色智能、生态经济、节能环保。以"自发自用，余电上网"的发电模式，在站旁金属屋面建设 1.85 万立方米、2.508 兆瓦峰值的光伏电站，年平均发电量 245.1 万千瓦时，可满足车站运营各项能耗（图 5-5）。

图 5-5　广州白云站

长沙南、南宁东、青岛北等大型客站已完成节电改造。中国铁路北京局集团有限公司探索并应用中小型站房实用型能源管控系统方案，在节约能源的同时，提高乘车环境的舒适度，提升旅客出行品质。天津西站能源管控系统加强了既有冷热源及空调设备的远程控制，并新建了节能中控系统与能耗管理系统，年均节电约 30%。长沙南站建设"客运设备全生命周期健康运营管理系统"，实现了设备智能化运营、智能化维护、智能化节能控制三大目标，提高了客站设备的运营管理水平，节能率超过 25%。与此同时，铁路行业积极推进新建项目开展绿色客站设计建设、应用光伏发电等可再生能源。天津北辰站停车场箱变顶面设置光伏发电系统，太阳能板产生的电能用于箱变自用电及周边灯塔、门卫等负荷设施。济郑高速铁路山东段新建 4 个车站均采用"浅层地热源热泵 + 空气源热泵"结合的复合可再生智慧能源供应系统，实现了冷热能源利用，达到了近零碳排放目标。

四、铁路电气化改造

推动既有铁路设施电气化改造，是助力区域"生态优先、绿色发展"的具体举措。2024 年铁路行业积极推进铁路电气化改造，陆续完成了集通铁路、红淖铁路等项目的电气化改造。在技术创新领域，中国中铁电气化局集团有限公司研制出柔性牵引供电系统。该系统可提升设备、再生能量的利用率以及系统的可靠性，全生命周期成本可降低约 30%。天津轨道交通集团有限公司以天津中心城区至静海市域（郊）铁路首开段工程为依托，完成基于能量路由器及协同控制的柔性牵引供电系统绿智融合示范工程项目。

2024 年 11 月 21 日，集通铁路蒙根塔拉至大板段电气化开通营运，集通铁路全线实现了与相邻路网的牵引动力匹配、跨线列车直通运输，通道运能运力得到提升，线路运行的旅客列车时速由 65 公里提高至 120 公里，呼和浩特至通辽间旅客列车运行时间大幅缩短，年货运能力从过去的 3600 万吨提升至 8000 多万吨（图 5-6）。

图 5-6　集通铁路蒙根塔拉至大板段电气化开通营运

红淖铁路是哈密、准东两大煤炭供应基地的重要外运通道，连接了将淖铁路和兰新铁路，由于技术标准低，成为制约"疆煤外运"通道能力的瓶颈之一。2022 年 6 月，红淖铁路全面启动电气化改造工程，2024 年 9 月，红淖铁路淖毛湖至红柳河段电气化正式开通运行，该工程正线全长 313.09 公里。红淖铁路电气化工程采用自耦变压器供电方式，牵引变电所外部电源进线电压等级采用 220 千伏，接触网悬挂类型采用全补偿简单链形悬挂。红淖铁路电气化的开通，解决了红淖铁路内燃电力机车频繁换挂问题，年运能提升至 6000 万吨。红淖铁路电气化改造示意见图 5-7。

行业篇／第五章　绿色铁路加快建设

图 5-7　红淖铁路电气化改造示意

第二节　绿色铁路建造技术

绿色铁路工程实践为我国基础设施绿色低碳技术的发展奠定了良好基础，绿色铁路建造技术不断创新发展。

一、勘察设计绿色低碳技术

近年来，铁路智能勘察、低碳绿色钻探设备研发不断取得新突破，基于北斗星地一体化增强的多传感器融合精密定位技术、空天地平台多源地理信息数据协同获取机制、空天地一体化智能勘测云平台、智能遥感技术、绿色钻探技术等得到普遍应用。中铁第四勘察设计院集团有限公司承担国家重点研发项目"陆路交通基础设施智能化设计共性关键技术"，研究开发北斗星基增强系统应用于沪渝蓉高速铁路五峰至恩施段，解决了复杂山区路段大范围连续定位的难题，提高了铁路勘测效率与技术水平，推动了陆路交通基础设施设计的标准化、集成化、智能化、自主化。中铁二院工程集团有限责任公司综合应用北斗定位、高分辨率卫星影像、多平台航空摄影、机载激光雷达、地面及地下空间移动三维激光扫描、多源影像人工智能（AI）识别及自动化建模等先进技术，以航天卫星迅速获取大范围地表数据，形成了由天到地的全领域多层次测绘技术，并应用在不良地质解译、方案比选、桥位选址、铁路实景选线与征拆等工作中。在沿江高速铁路项目中，采用该技术对 2065 平方公里不良地质进行解译，将传统遥感"单一立体像对"工作模式改变为"项目级立体大场景"工作模式，突破了单一立体像对视野局限，实现广域真立体观察。中铁工程设计咨询集团有限公司以铁路 BIM 联盟标准、深圳市地铁集团有限公司 BIM 标准为实施依据，依托内部 BIM 协同设计平台与构件库，在新建深惠城际铁路的可行性研究、初步设计、施工图阶段，开展了全线 BIM 设计管理与应用工作。中国铁建在长赣、川藏、宜涪等铁路项目建立铁路带状工程北斗连续运行基准站网，牵头研发高精度北斗地基增强系统，开展基于北斗地基增强网的铁路工程控制测量、智能勘测、施工放样、数字化施工等应用，实现了铁路沿线优于 2 厘米高精度动态位置服务。

铁路行业落实国土空间规划和生态保护要求，贯彻环保选线理念和预防为主、保护优先、项目建设与保护并重的环保宗旨，加强设计源头管理，研究不同区域的工程、地质、施工、绿色、低碳等多因素影响的综合选线选址技术，科学规划布局铁路线路和枢纽设施，确保铁路与自然、人文环境完美融合。在铁路选线、选址方案比选中，将沿线的自然保护区、风景名胜区、水源保护区、文物保护单位等生态敏感区作为重要的比选要素。中铁二院工程集团有限责任公司研发的复杂环境铁路智慧选线系统可自动生成多个可行方案。2023 年，济青高速铁路将铁路绿色影响因子计算纳入智能选线优化中，开发了铁路智能精细化选线设计软件，研究成果在潍宿高速铁路至青岛连接线得到应用。

铁路行业重视环境保护和水土保持设计。京沪高速铁路绕避凤阳明皇陵国家级文物保护单位，武广高速铁路绕避大瑶山岩溶区、地下暗河段，川青铁路绕避土地岭大熊猫走廊带，实现工程建设与环境保护并重。宁杭高速铁路绕避良渚文化遗址、天目湖风景区，广汕高速铁路全线绕避罗浮山风景区核心景区，广州站至广州南站联络线全线绕避珠江生态区等。

二、路基绿色低碳技术

铁路路基建设占用了大量土地，改变了地形地貌，使用了大量土石料，对生态环境影响较大。铁路行业持续提升铁路基础设施建设绿色低碳水平，采取产学研用相结合的方法，在铁路建设领域推广绿色低碳技术研究成果。土工合成材料加筋土路基和护坡作为重要的铁路路基绿色低碳技术,已在青藏铁路、成昆铁路、青荣城际铁路、汉十高速铁路、沪渝蓉高速铁路、郑万高速铁路等多项工程中得到应用。

(一)加筋土挡土墙路基技术

青藏铁路为减少铁路路基占用草场、湿地及城市用地,尽可能避免对生态环境的破坏,在错那湖、那曲、桑雄及拉萨市区设置了11处加筋土挡土墙,累计长度4651米,全部采用模块式面板包裹式加筋土挡土墙,墙面坡率为1:0.2,其中3处为路堤式加筋土挡土墙,7处为路肩式加筋土挡土墙,最大墙高10米,墙顶填土高度为8~12米,横跨6~9度地震烈度区域。加筋材料采用高密度聚乙烯土工格栅和双向经编高强涤纶土工格栅。自建成通车以来,加筋土挡土墙均处于良好状态(图5-8)。

图5-8 拉萨车站附近加筋土挡土墙

成昆铁路复线为客货共线铁路,全长900公里,设计速度160公里/时。其中峨眉至米易段(新建)设计了长度约270米的加筋土挡土墙,分别采用复合式整体刚性面板包裹式加筋土挡土墙、现浇整体刚性面板包裹式加筋土挡土墙、砌块式面板加筋土挡土墙三种形式,筋材采用高密度聚乙烯单向拉伸塑料土工格栅(图5-9)。

青荣城际铁路建设了两段加筋土挡土墙,分别位于即墨和荣成,总长度约1170米,最大高度9.5米。即墨加筋土挡土墙位于即墨至即墨北上、下行联络线与正线路基,为模块式加筋土挡土墙,路基两侧挡土墙长度约590米,高度为5.4~7.2米,墙面坡率为1:0.3。荣成加筋土挡土墙位于荣成站牵出线,路基两侧挡土墙长度约580米,包括整体式面板包裹式加筋土挡土墙和模块式加筋土挡土墙两种形式,高度为8.0~9.5米,墙面坡率为1:0.05和1:0.3。加筋材料均采用高密度聚乙烯单向拉伸塑料土工格栅(图5-10)。

图 5-9　成昆铁路复线加筋土挡土墙

图 5-10　青荣城际铁路即墨加筋土挡土墙工程全景

沪渝蓉高速铁路宜昌北动车所加筋土挡土墙全长约 423 米，最大填筑高度 23.69 米，墙面坡率为 1：0.05，设计了四种形式加筋土挡土墙：复合式面板包裹式加筋土挡土墙，高 3.48～23.69 米；整体式面板包裹式加筋土挡土墙，高 9.49～16.28 米；砌块式面板包裹式加筋土挡土墙，高 7.68～9.49 米；加筋格宾挡土墙，高 6.2～15.32 米。筋材采用了高密度聚乙烯单向拉伸塑料土工格栅和高韧性聚酯纱线集束格栅。

（二）加筋土陡边坡技术

加筋土陡边坡是在边坡中水平分层铺设具有一定抗拉强度的土工格栅、土工格室、土工织物等土工合成材料，以提高边坡的稳定性。边坡坡率一般大于1∶1，小于1∶0.5。加筋土陡边坡因其具有较大的坡率，减少了占地和土石方用量，尤其是在路基填方高度较大的地段，具有较好的经济、社会和环保效益。汉十高速铁路是中国"八纵八横"高速铁路网中部地区与西北地区间的便捷联系通道。十堰东站广场场坪填高104米，为解决受限边坡的防滑设计，采用双排圆桩桩基承台挡土墙＋多级加筋格宾陡边坡结构，加筋材料为标称抗拉强度150千牛/米、250千牛/米和400千牛/米的高强聚酯土工格栅，设计最大筋长90米，竖向层间距为1米，下部三级边坡坡率为1∶1.5，上部七级边坡坡率为1∶1，每级边坡高10米，边坡平台宽3米，每3级边坡设10米宽平台。加筋土陡边坡的应用，解决了在陡坡地基上填筑高路堤甚至超高路堤的技术难题（图5-11）。

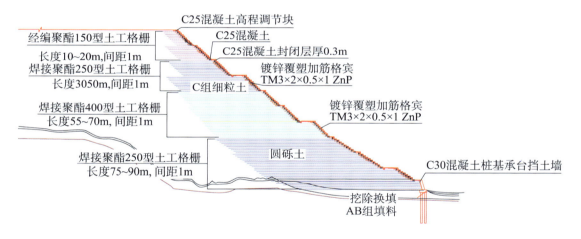

图5-11　十堰东站场坪高填方典型断面设计

（三）土工合成材料护坡技术

土工合成材料护坡因其减少了混凝土用量以及可形成生态护坡，加强了对路域二氧化碳的吸收。郑万高速铁路郑州南站建设施工中，边坡采用双凸面三维植被网边坡植被绿化技术，替代原有的框架梁植草绿化方案。在克服原框梁边缘结构不利于固土植草缺陷的同时，降低了工程造价，缩短了工期，产生了明显的植被防护效果，防止了水土流失，保障了路基稳定。边坡综合生态防护不仅有利于快速修复生态环境，提升工地"颜值"，也减少了扬尘污染（图5-12）。

图 5-12　郑万高速铁路郑州南站路基边坡生态防护全景

三、站房建筑光伏一体化技术

我国多数铁路分布在Ⅱ、Ⅲ类光资源区，铁路沿线所蕴含的太阳能超过 2.396×10^{11} 千瓦时，开发潜力巨大。推动铁路设施因地制宜发展光伏，对优化铁路能源结构、创新"铁路+光伏"模式、盘活低效资产具有积极作用。近年来，我国开展光伏发电项目建设运营管理模式和实施方案课题研究，探索"光伏+"应用模式，依托铁路在新能源消纳中的市场优势，统筹效益与投资、运维与安全、技术与政策，实现绿色产业新突破。铁路客站积极安装大型光伏发电系统，北京南站、上海虹桥站、青岛站、武汉站、杭州西站、雄安站先后在站房屋面、站台雨棚屋面等闲置空间投资光伏发电项目。雄安站光伏安装面积为 4.2 万平方米，装机容量为 6.0 兆瓦，该项目不仅遵循了"自发自用、余电上网"的消纳模式，还以其年均约 530 万千瓦时的发电量，为雄安新区的绿色发展贡献了力量（图 5-13）。杭州西站光伏安装面积为 1.5 万平方米，装机容量达到 3.0 兆瓦，消纳率达到 98%，年均发电量约 230 万千瓦时，为杭州西站的能源供应提供了有力保障。

济青高速铁路"高速铁路+光伏"项目，主要包括装机容量 10 兆瓦的站房雨棚光伏发电和装机容量 34 兆瓦沿线线下光伏发电两部分，实现年碳减排量约 3.9 万吨。西安机车检修段屋面分布式光伏发电站项目、山东铁路投资控股集团有限公司沂沭铁路临沭站货场雨棚棚顶分布式光伏发电项目，拓展了"光伏+铁路"应用领域。潍烟高速铁路全线光伏项目在每个车站的停车场采用"低压并网＋充电桩"光伏发电模式，其中发电消纳模式为自发自用，余电上网。

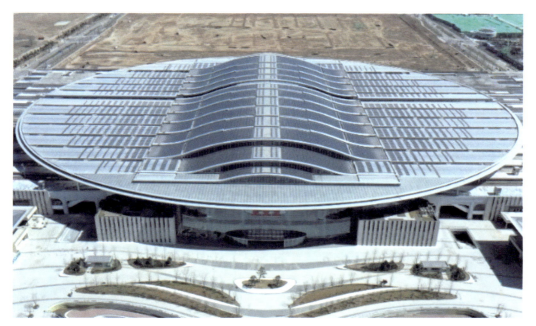

图 5-13　雄安站光伏项目

2024 年 6 月，分布式光伏接入铁路牵引供电系统工程"轨道交通'网 - 源 - 储 - 车'协同供能技术应用研究"项目，在内蒙古伊金霍洛旗全容量并网发电。该项目在国能新朔铁路有限责任公司巴准线海勒斯豪南牵引变电所实施，利用铁路沿线自身光伏资源，配备 5 兆瓦峰值分布式光伏和 5 兆瓦时储能，可在铁路 27.5 千伏和 10 千伏两个电压等级实现光伏发电协同消纳，实现轨道交通"网 - 源 - 储 - 车"协同供能。该项目投运后，光伏年发电量约 700 万千瓦时，每年减少二氧化碳排放约 5700 吨。

2024 年 9 月，利用城际铁路设备并网的分布式光伏项目，滁宁城际铁路光伏电站正式并网发电。该项目装机容量规模达到 3955.05 千瓦，覆盖了滁宁城际铁路（滁州段）的 8 个车站、1 个控制中心及车辆段，形成了较为完善的分布式光伏发电体系。该项目预计年发电量约 5 万兆瓦时，相当于每年为运营方节省约 312 万元，减少碳排放量约 5 万吨（图 5-14）。

四、施工绿色低碳技术

铁路行业强化铁路建设全过程节能减排降碳扩绿，注重在建筑材料、施工工艺、过程控制等方面减碳。

图 5-14　滁宁城际铁路分布式光伏发电项目

（一）建筑材料

铁路建设项目中用量最多的建设材料，除钢铁外是混凝土。以京沪高速铁路为例，京沪高速铁路总投资约 2209 亿元，全长 1318 公里，水泥用量 2700 万吨，即平均每公里高速铁路建设大约消耗 2 万吨水泥。低碳再生混凝土的利用，是铁路建筑材料绿色低碳发展的重点领域。2024 年 10 月，黄百铁路贵州段改性碳酸钙石粉混凝土技术攻关进入实体试验验证阶段，在混凝土强度满足设计、规范要求的前提下，掺入碳酸钙石粉，每方混凝土可节约胶凝材料 15～20 千克。京滨城际北辰站雨棚全面采用清水混凝土，不仅具备天然美感，同时可减少能源材料消耗，降低运维成本。

在工程建设中，铁路建设单位做到移挖作填、各标段互调余缺，部分弃渣在规范允许的前提下，以混凝土集料和片石形式在工程中开展应用，或在沿线地方工程建设、乡村道路修整等方面，对施工弃土（渣）进行综合利用。中铁城建集团有限公司研制出以工业固废为主要原材料的"特殊"固化剂和新型改性再生集料砂浆，同时还衍生开发多种再生砂浆、混凝土等制品、成果，固废综合利用率近 100%。中国建筑第三工程局有限公司承建的芳（广州芳村）白（白云机场）城际铁路六工区，针对区间地质特点设计采用双螺旋土压平衡盾构机，防止掘进渣土滞排，并配置泥浆无害化处理设备，对盾构弃渣进行砂土分离、压泥成饼，处理后渣土可实现回收再利用（图 5-15）。新成昆铁路眉山市东坡区段利用弃渣对橘园和茶园进行土地整合，盐边车站利用弃渣打造物流工业园区，新增用地约 13.33 万平方米。新建南昌经景德镇至黄山铁路建立了环保、智能化的洞渣加工场，生产三类级配碎石、机制砂和石粉五种产品，洞渣综合利用率达 95%

以上，减少 3 个弃渣场以及约 4 公里临时便道的建设，减少耕地林地占用约 10 万平方米。莱荣高速铁路自用及综合利用弃土（渣）达到 550 余万立方米。贵南高速铁路结合弃渣综合利用，深度优化弃渣场设置，将弃渣场由原设计的 87 处优化为 58 处，弃渣总量从 2609.87 万立方米降低为 1324.36 万立方米，并将隧道施工弃渣加工成砂石料再次利用，节约沿线土地资源。

图 5-15　泥水渣土运输车在隧道内接收盾构机输出的弃渣

（二）施工工艺

临时工程选址，避开国家和地方划定的保护区及生态保护红线，红线外临时占地应尽量使用荒地，少占用农田和耕地。拉林铁路施工团队通过优化临时工程布局，落实"保护优先、少占土地、表土剥离"原则，临时工程占地比环评阶段评估数量减少约 35%。考虑到沿线水塘多、淤泥深、地质复杂的基本情况，沪渝蓉高速铁路汉川段确定了"灰土改良＋混凝土面层"的高标准便道施工方案，减少车辆的反复碾压致使石方外翻对两侧水田、鱼塘的影响，降低了对水环境、土地环境的污染风险。工程完工后，及时对红线外占地按原设计要求恢复地形、地貌，降低施工活动对环境的影响。2023 年，渝怀铁路增建二线鹤城区建设协调指挥部编制渝怀铁路增建二线建设项目临时用地土地复垦方案，有序推进铁路临时用地复垦工作，完成临时用地复垦面积约 96 万平方米。

开展施工组织专项设计，指导项目全生命周期绿色施工。CRTS Ⅲ型板式无砟轨道

"测-调-灌"一体化施工成套技术与装备、路基轻质混凝土帮填施工等绿色施工工艺创新技术取得突破，并在铁路建设中得到应用。优化墩柱包扎薄膜养护工艺，制梁场智能张拉、自动喷淋、循环压浆等施工工艺得到普遍应用。郑济铁路在跨越黄河的区段，优化孔跨设计和施工工艺，采用多联3×56米大跨径的节段预制拼接连续梁方案，成为国内高速铁路项目中跨径最大、工艺最新的节段预制胶拼连续梁。郑许市域铁路许昌段大规模采用智能装配式节段梁，约21.6公里线路采用736孔、8640榀预应力节段拼装简支箱梁，与传统的箱梁预制架设方案相比，钢铁、水泥等主要建材节省约15%，建筑污染及碳排放量减少约50%。中铁十八局集团有限公司生产的竹缠绕管道，以竹材为基材，利用缠绕工艺，通过自动化加工成新型基础材料。生产过程中不产生废气、废水，低碳环保，按年产120万吨竹缠绕管道计算，一年可减排约600万吨二氧化碳，储碳固碳约1000万吨。

（三）强化过程控制

在铁路绿色施工中，铁路行业在降低水土流失、防止水体污染、减少噪声污染、防治大气污染、防范固废污染取得显著成效。银兰高速铁路中兰段（甘肃段）弃渣场水土保持治理及绿化工作经验做法，多次被推广。新建商丘至合肥至杭州铁路建设单位——皖赣铁路安徽有限责任公司及时开展水土保持方案编制、监理、监测和设施验收工作，水土流失防治责任得到全方位落实。郑渝高速铁路襄万段施工过程中，严格控制噪声，拌和站等施工场地远离居民点，且夜间停止施工，减少了噪声对周边居民的干扰。针对铁路营运过程中的噪声污染，设置声屏障15处、隔声窗14处，确保沿线居民点房屋噪声指数达标。北沿江高速铁路江苏段要求各施工工段作业施工时，做到"建筑工地扬尘治理六个百分之百"，即：施工区域100%标准围挡、裸露黄土100%覆盖、施工道路100%硬化、渣土运输车辆100%密闭拉运、施工现场出入车辆100%冲洗清洁、建筑物拆除100%湿法作业。

2024年7月，中国中铁研发的绿色盾构机"中铁1237号"在意大利西西里岛高速铁路隧道项目Taormina标段始发，该设备在施工期间实现掘进效率与能源消耗的高效匹配，耗能排放量比同级别常规盾构降低约20%（图5-16）。

图 5-16 "中铁 1237 号"绿色盾构机

第六章　运输装备低碳转型

铁路运输装备的现代化和技术升级对提升铁路运输的安全性、可靠性和经济性至关重要，同时也是实现铁路运输绿色低碳发展的关键因素。随着科技进步，智能化、网络化、自动化、绿色化的铁路运输装备转型升级，成为行业发展新趋势。

第一节　运输装备发展

近年来，我国铁路运输装备关键核心技术攻关持续强化，加快升级换代，自主化、智能化、绿色化技术加速创新应用，打造现代化铁路产业体系，助力铁路高水平科技自立自强。铁路机车在技术进步、产业升级和市场拓展等方面取得显著成就，在高速列车、重载货运机车、智能化和绿色环保技术等方面取得重要突破，提升了整体技术水平。

一、运输装备保有量

全国铁路运输装备拥有量稳步增长，电力机车占比较大，且持续增长。2020—2023年中国铁路机车拥有量保持平稳状态，2023年达2.24万台，与2022年相比增加0.03万台。我国铁路机车以电力机车为主，且其占比逐渐扩大，由2020年的63.81%增长至2023年的65.3%，内燃机车占比由2020年的36.19%下降至2023年的34.7%。2023年，全国铁路客车拥有量为7.84万辆，其中动车组4427标准组、35416辆。随着铁路客运量的恢复和高速铁路新增里程的投产，国家铁路客车需求将保持稳定增长，动车组需求将占据主导地位。铁路货车拥有量持续增长，2023年达到100.5万辆。随着"一带一路"建设的推进、国内"统一大市场"建设的加快，国家铁路货车需求将保持稳健增长，集装箱平车和罐车等特种货车需求将进一步增加。全国铁路机车、客车和货车拥有量见图6-1。

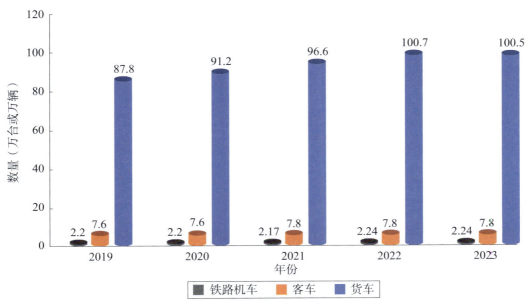

图 6-1　全国铁路机车、客车和货车拥有量

二、铁路机车产量

2020 年以来，我国铁路机车产量整体呈现向好态势，2023 年达 1151 辆。中车资阳机车有限公司已向全球 33 个国家和地区出口各型机车 1100 多台，占中国出口内燃机车的 50% 以上。其中，我国向非洲 15 个国家交付了各型客货运干线及调车内燃机车 200 余台、内燃动车组 10 余列。2024 年，以保税租赁方式出口的内燃机车发往塞拉利昂，这对推动中国高端制造"走出去"、助力中非高质量共建"一带一路"等具有重大意义。全国铁路机车产量及变化见图 6-2。

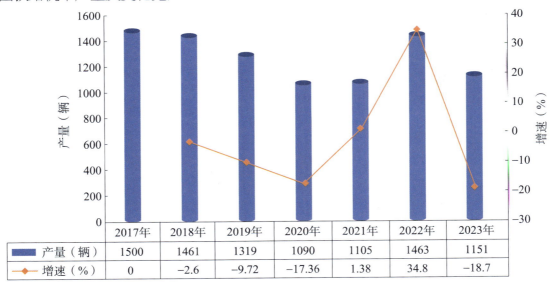

图 6-2　全国铁路机车产量及变化

第二节 新型节能装备

铁路运输装备新能源替代是我国铁路碳减排的重要手段之一，氢燃料等新能源及混合动力机车研发应用取得新进展，氢能列车试验应用取得新突破。中国中车等国内企业聚焦轨道交通装备和清洁能源装备"双赛道双集群"产业发展新格局，培育新能源轨道交通装备产业，发展新质生产力，打造涵盖氢-电、纯电、电-电、内-电等新能源机车平台，搭建丰富的新能源机车产品谱系，推动产业高端化、智能化、绿色化发展。

一、新型电力机车

国家能源集团与中国中车研制新型智能重载电力机车，最大牵引功率达10400千瓦，相比传统机车单台机车，单趟运量可提升1200吨。全球首创大功率碳化硅变流器、大转矩永磁牵引电机、大牵引力直驱转向架，并搭载了多项智能化辅助设备，全面提升运力、节能、智能、安全水平，实现了我国重载机车向智慧重载机车的战略转型（图6-3）。

图6-3 新型智能重载电力机车

二、氢-电新能源机车

氢燃料机车具有燃烧性能好、发热值高、噪声低、零排放、零污染等优势，运用场景广泛，成为部分发达国家争相研究和推广的铁路新型机车。中国中车、国家能源集团、中国中铁加快推动燃料电池在氢能轨道交通领域的应用。2024年4月，国家能源集团、中国中车联合研制的大功率氢能源动力调车机车在新朔铁路巴准线四道柳站完成万吨装车试验（图6-4），标志着我国重载铁路大功率氢能源动力装备的市场化运用取得关键性突破。该机车为2400千瓦大功率氢能源机车，可根据不同牵引运用需求，实现氢燃料供电、锂电池供电、混合动力供电的多种供电模式，降低大气污染物和温室气体排放。测算显示，一台机车每年可以减少约164吨燃油消耗，减少二氧化碳排放约508吨。

图6-4 氢能源动力调车机车在新朔铁路巴准线四道柳站作业

2024年9月，中国中车研发的2000千瓦氢燃料机车下线，实现单堆单系统净输出功率超过200千瓦的钛基氢燃料电池，实现了零排放，同时搭载智慧车窗、人机交互显示屏等多项智能化产品（图6-5）。

中国中车通过提升系统集成水平，优化能量管理，研发续驶里程1000公里的速度为160公里/时氢能源市域列车，内置氢能动力系统，应用多储能、多氢能系统分布式的混合动力供能方案，反应产物仅为水，具有环保、绿色、零碳的特点（图6-6）。

图 6-5　2000 千瓦氢燃料电池机车

图 6-6　速度 160 公里/时氢能源市域列车

三、纯电新能源机车

随着我国铁路电气化改造工程不断推进，电力机车正逐步占据主导地位，市场需求持续增长。2023 年 11 月，我国新造大功率纯电新能源调车机车在株洲下线（图 6-7）。

图 6-7　大功率纯电新能源调车机车

2024年9月，中国中车研制的2000千瓦大功率纯电新能源机车为广西平果市中铝物流集团东南亚国际陆港有限公司承担调车及小运转作业任务。相比传统内燃调车机车，该纯电机车可节约能耗83%以上，全生命周期成本降低50%以上（图6-8）。

图6-8　2000千瓦大功率纯电新能源机车作业现场

四、电-电新能源机车

2023年6月，中国中车研发的FXD1H型电-电新能源调车机车下线，机车采用接触网与动力电池双电源供电交流传动技术，主要用于客运调车作业，兼顾考虑城市间区域小运转及枢纽站救援作业，具备绿色、零排放、全寿命周期成本低、全方位安全保护和监测等特点。FXD1H型电-电新能源调车机车见图6-9。

图6-9　FXD1H型电-电新能源调车机车

2023年7月，中国中车研发的FXD3H型电-电混合动力调车机车正式下线，该机车采用接触网与动力电池两种能源，相比传统内燃调车机车，传动效率提升10%以上。FXD3H型电-电混合动力调车机车见图6-10。

图6-10　FXD3H型电-电混合动力调车机车

2024年10月，中国中车研发的匈牙利电-电新能源调车机车交付用户使用，机车采用接触网与锂电池供电。该机车面向欧洲，符合欧洲铁路信号系统互联互通技术规范（TSI）认证要求。匈牙利电-电新能源调车机车见图6-11。

图6-11　匈牙利电-电新能源调车机车

五、内-电新能源机车

内燃机和蓄电池在柴油发电机组基础上，增加蓄电池作为辅助动力，是整车新能源改造的一条重要赛道。2023年3月，中国中车研制的700千瓦新能源机车在山西建龙钢铁有限公司上线试运行，2024年2月宜都市松宜铁路有限责任公司采用磷酸铁锂电池作为动力电池对2个动力机车进行改造，2024年9月中国中车研发的1000千瓦功率等级内电混合动力机车下线。中国中车研发的小功率内-电新能源机车采用内燃动力包和锂电池供电，是面向欧洲推出的小功率调车机车，符合欧盟TSI认证和德铁技术检查团（EBA）认证要求。700千瓦新能源机车、面向欧洲推出的小功率调车机车分别见图6-12、图6-13。

图6-12　700千瓦新能源机车

图6-13　面向欧洲推出的小功率调车机车

六、大型铁路养路机械

大型铁路养路机械是进行铁路线路大修、维修、工程施工等多种施工作业的大型线路机械设备，已成为铁路线路养护维修的必备设备，是保障铁路线路开通、营运和列车安全运行的重要装备。我国的铁路养护工程伴随着铁路事业的高速发展而发展，由最初的人力养护发展到中小型养路机械，逐渐过渡到现代大型养路机械。随着我国铁路运输密度增大和日益现代化的轨道结构变化，我国对大型铁路养路机械的需求日益增加，同时对大型铁路养路机械的性能要求也逐渐提高。截至 2022 年底，我国拥有大型铁路养路机械装备数量 2845 台。全国铁路大型养路机械装备数量见图 6-14。

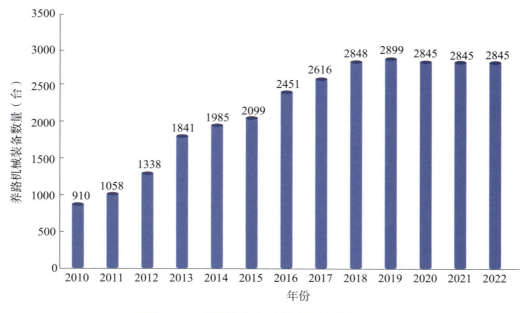

图 6-14　全国铁路大型养路机械装备数量

按照"产品型号谱系化、核心技术自主化、装备功能集约化、关键部件简统化、运维管理智能化、施工作业绿色化"的总体原则，我国开展了新一代具备完全自主知识产权的大型养路机械研发制造工作。新一代大型养路机械包括线路及道岔检修车、钢轨及道岔检修车、铁路基础设施检测装备等 7 大类，涵盖捣固、清筛、打磨、焊轨、检测等 18 种系列。2024 年，我国新一代铁路大型养路机械装备研制取得重要进展，连续走行捣固稳定车、轨道除雪车等首批装备在昆明下线，为推动工务机械化养路向更加可靠、更加高效、更高水平迈进创造了条件。DWL-32K 连续走行捣固稳定车采用更为先进的智能捣固、稳定技术，搭载智能分析与控制系统，可实现智能运行、智能作业和智能维护，平均作业效率提升 20% 以上（图 6-15）。

我国大型铁路养路机械与新能源融合呈现快速发展态势。中国中铁研制的千吨级多模式新能源架桥机"应龙号"（图 6-16）、电驱 1000 吨级箱梁轮胎式搬运机（图 6-17）等装备均助力铁路低碳发展。珠肇高速铁路江机段应用的"应龙号"采用增程式混合动力系统，架桥机重载落梁过程中的能量回收，匹配现有的管理策略，可使整机的能耗降低约 40%。电驱 1000 吨级箱梁轮胎式搬运机在雄商高速铁路站前一标段应用，与传统相比可节约燃油约 30%。

图 6-15 DWL-32K 连续走行捣固稳定车

图 6-16 "应龙号"现场作业

推进新能源大型养路机械研发及应用，推广"内燃＋接触网受流"双动力48头打磨车应用。推进新能源自轮运转设备设计研发，研发采用接触网受流或动力电池的8种新一代大型养路机械。推进混合动力轨道作业车研发及应用，研制混合动力接触网作业车和轨道车，采用柴油机和蓄电池双动力技术的动力系统，隧道内由蓄电池作为动力驱动作业车走行和接触网作业，解决了隧道内作业排放和噪声污染的问题，改善了工作人员的作业环境。

图 6-17　电驱 1000 吨级箱梁轮胎式搬运机现场作业

第三节　列车节能技术

铁路交通装备节能技术是实现绿色低碳目标的关键途径。围绕高效率、能量回收、轻量化等目标，深化关键技术，持续推进新型材料应用技术研究，降低能源消耗，已成为铁路交通装备发展的趋势。

一、永磁电机技术

永磁电机具有小型化、轻量化且能耗更小的特点，已成为下一代列车牵引系统研发方向。中国中车率先开展轨道交通领域永磁同步牵引系统研究。截至 2023 年底，中车株洲电力机车研究所有限公司在全国 23 个城市 53 个项目共 5602 辆车进行城市轨道交通永磁牵引系统批量交付及营运，全线应用永磁牵引线路 23 条，全线永磁开通载客营运项目 6 个。2022 年，搭载永磁电机的 CRH380AN-0206 在中国铁路成都局集团有限公司管内投入营运，该动车组综合节能率达到 10%。2024 年 6 月，中国中车等单位联合研发的全碳化硅永磁直驱牵引系统车辆在列车轻量化、能耗和噪声指标上优于异步牵引系统列车。2024 年底，国铁集团牵头实施的 CR450 牵引系统采用永磁电机，永磁电机首次应用在我国商业营运的高速铁路动车组上。

二、列车再生制动技术

随着我国电气化铁路高速化、重载化的发展，以和谐型机车和动车组为代表的交流大功率移动装备得到普及。将可观的移动装备产生的再生制动能量再利用，对降低列车牵引能耗十分重要。2021 年，飞轮储能系统在电气化铁路实现应用，利用储能技术把列车进行再生制动时产生巨大的电能储存起来。中国铁路郑州局集团有限公司开展铁路再生制动能量再利用技术研究及应用，铁路再生制动能量在牵引网内部高效再利用，年节电量约 400 万千瓦时。铁路再生制动能量再利用装置见图 6-18。

图 6-18　铁路再生制动能量再利用装置

2023 年 12 月，郑州新郑国际机场至许昌市域铁路全线采用绿色超级电容储能装置回收制动能量，全线 11 个站及梅庄停车场提供了 12 套超级电容储能型再生能量利用装置，每套装置的额定容量高达 2 兆瓦，单次满载刹车制动节电量达 15 千瓦时（图 6-19）。

图 6-19 "超级电容"现场

2024 年 7 月，京沪铁路三界牵引变电所基于超级电容储能的电气化铁路再生制动能量利用装置正式投运，装机容量为 1.5 兆瓦，超级电容储能系统容量为 11.6 千瓦时，具备牵引负荷"削峰填谷"和电能质量治理功能。

三、车体轻量化技术

车体轻量化技术在保证列车使用要求、安全性和成本控制的前提下，通过轻质化材料、结构优化设计以及集成化设计等手段的综合应用，降低车辆自重、提高载重、提升列车运输能力，已成为列车低碳发展的关键技术之一。

碳纤维复合材料以其轻质高强的特性，为铁路机车的轻量化设计提供了全新的解决方案，也为铁路运输发展提供了新的方向。我国碳纤维复合材料车辆研究起步较晚，但进展较快。在铁路货运领域，2024 年 9 月，由国家能源集团铁路装备公司牵头，北京低碳清洁能源研究院和中国中车共同研制的碳纤维复合材料轻量化重载铁路货车下线。该铁路货车车体自重较同类铝合金材料车体降低 20% 以上，自重系数低至 0.22，实现了车辆自重降低、载重增加、容积增大的同步协同提升（图 6-20）。

四、动车组节能降噪技术

国铁集团围绕多参数、多维度、多目标开展头型空气动力学形性协同优化设计，降低列车运行阻力。采用大功率高效主电路结构和器件，提升牵引系统效率。复兴号动车组技术提升后，与既有时速 350 公里和谐号动车组相比，阻力降低 14%，人均百公里能耗降低20%。结合轮轨噪声、气动噪声两大主要噪声源机理，通过流线化头型、表面平顺化、受电弓下沉安装等低噪声设计，车外噪声较和谐号降低2分贝，实现车外噪声低排放。研发了约束阻尼车轮（图6-21），与无约束的裸车轮相比，车轮噪声可降低约3分贝。目前，该低噪声车轮已大量应用于CR400动车组。根据模态-振动-噪声传播理论模型，提出车体与转向架悬挂参数最优匹配和列车振动模态技术方案，开展分频段、分区域、分断面降噪设计，车内噪声较和谐号降2分贝、平稳性提升8%，实现了旅客舒适出行。

图 6-20　碳纤维复合材料轻量化重载铁路货车

图 6-21　约束阻尼车轮

第四节　内燃机车淘汰更新

我国现存内燃机车约9700台，且大多数处于超期服役状态，技术水平普遍较低，更新换代老旧机车已经迫在眉睫。

一、老旧内燃机车淘汰更新进展

2024年实施200台新能源机车替代，减少燃油消耗。鞍钢铁运分公司在钢铁冶金行业率先提出大规模设备更新方案，购置20台新能源机车，淘汰使用年限超过30年的32台液力传动内燃机车，对路外铁路运输行业起到了积极的带动作用。2024年3月，西部物联江油铁路运输作业区投入第二台电力和柴油混合动力机车，并计划3年内将所属12台机车全部更新改造为新能源动力机车。2024年6月，攀钢西部物联公司利用老旧东方红5B型内燃机车改造的锂电驱动新能源机车投入运行，改造的东方红5B-3002号内燃机采用总功率1000千瓦的大功率动力电池以及与液力传动系统高度匹配的交流驱动电机进行替代，并对原机车控制系统、传动系统等进行了匹配性改造，实现了老旧机车"旧貌换新颜"。沙钢集团安阳永兴特钢有限公司对两台老旧机车进行升级改造，机车动力从279千瓦增加到353千瓦。

二、新一代绿色低碳内燃机车研制应用

推进装用新一代低排放、低油耗中高速柴油机的内燃机车研制应用。国铁集团组织相关单位，采用选择催化还原（SCR）技术的中、高速柴油机已研发完成，12V260ZJ柴油机正在开展装车考核，D180-16柴油机正在开展装车方案评审准备工作；采用废气再循环（EGR）技术的柴油机正在进行台架开发试验。

第七章 运输结构调整优化

国家推进运输结构调整相关文件提出，以推动高质量发展为主题，以深化供给侧结构性改革为主线，以加快建设交通强国为目标，以发展多式联运为抓手，提升基础设施联通水平，促进运输组织模式创新，推动技术装备升级，营造统一开放市场环境，加快构建安全、便捷、高效、绿色、经济的现代化综合交通体系，更好地服务构建新发展格局，为实现碳达峰碳中和目标作出交通贡献。

第一节 推进大宗货物运输"公转铁"

近年来，我国大宗货物运输"公转铁"取得积极成效，有力有效服务经济社会高质量发展。在铁路运输中，大宗物资是指运量较大、占比较高的货物品类，包括煤炭、铁矿石、钢铁、石油、焦炭、粮食、化肥、水泥、铝土矿、盐、矿物性建筑材料、化工品等。

一、工作部署

（一）提升铁路货运量和比例

2021年，《推进多式联运发展优化调整运输结构工作方案（2021—2025年）》（国办发〔2021〕54号）提出，2025年全国铁路货运量比2020年增长10%左右。2022年，《深入打好重污染天气消除、臭氧污染防治和柴油货车污染治理攻坚战行动方案》（环大气〔2022〕68号）提出，"十四五"期间全国铁路货运量增长10%、铁路货运量占比提升0.5%。2023年，《空气质量持续改善行动计划》（国发〔2023〕24号）提出，2025年铁路货运量比2020年增长10%左右的目标。2023年，《中共中央 国务院关于全面推进美丽中国建设的意见》提出，到2035年铁路货物周转量占总周转量比例达到25%左右。提升铁路货运量相关文件和比例目标见表7-1。

提升铁路货运量相关文件和比例目标　　表7-1

文件名称	铁路货运量目标	重点地区和行业铁路货运比例目标
《交通运输部关于印发〈绿色交通"十四五"发展规划〉的通知》（交规划发〔2021〕104号）	—	2025年晋陕蒙煤炭主产区具有铁路专用线的大型工矿企业出省（自治区、直辖市）运距500公里以上的煤炭和焦炭铁路运输比例力争达到80%以上
《国务院办公厅关于印发推进多式联运发展优化调整运输结构工作方案（2021—2025年）的通知》（国办发〔2021〕54号）	到2025年，全国铁路货运量比2020年增长10%左右	晋陕蒙煤炭主产区大型工矿企业中长距离运输（运距500公里以上）的煤炭和焦炭中铁路运输比例力争达到90%
《关于印发〈深入打好重污染天气消除、臭氧污染防治和柴油货车污染治理攻坚战行动方案〉的通知》（环大气〔2022〕68号）	到2025年，铁路货运量占比提升0.5个百分点	京津冀及周边地区、长三角地区、粤港澳大湾区等沿海主要港口利用疏港铁路等清洁方式运输大宗货物的比例力争达到80%。火电、钢铁、煤炭、焦化、有色等行业大宗货物清洁方式运输比例达到70%左右、重点区域达到80%左右
《国务院关于印发〈空气质量持续改善行动计划〉的通知》（国发〔2023〕24号）	到2025年，全国铁路货运量比2020年增长10%左右	晋陕蒙煤炭主产区大型工矿企业中长距离运输（运距500公里以上）的煤炭和焦炭中，铁路运输比例力争达到90%。重点区域和粤港澳大湾区等沿海主要港口铁矿石、焦炭等清洁运输（含新能源车）比例力争达到80%
《关于加强公路煤炭运输环境污染治理工作的通知》（发改基础〔2023〕546号）	—	晋陕蒙煤炭主产区煤炭铁路运输比例90%
《中共中央 国务院关于全面推进美丽中国建设的意见》	到2035年，铁路货物周转量占总周转量比例达到25%左右	—
《关于印发〈关于推进实施水泥行业超低排放的意见〉〈关于推进实施焦化行业超低排放的意见〉的通知》（环大气〔2024〕5号）	—	进出企业的物料和产品采用铁路、水路、管道、管状带式输送机、皮带通廊等清洁方式运输比例不低于80%
《推动铁路行业低碳发展实施方案》（国铁科法〔2024〕2号）	2030年，铁路客货周转量全社会占比分别达到48%以上和22%以上	—

（二）加快铁路基础设施建设

《推进运输结构调整三年行动计划（2018—2020年）》（国办发〔2018〕91号）提出2020年铁路专用线的建设目标，即全国大宗货物年货运量150万吨以上的大型工矿企业和新建物流园区铁路专用线接入比例达到80%以上。《关于加快推进铁路专用线建设的指导意见》（发改基础〔2019〕1445号）增加了长江干线主要港口基本引入铁路专用线的要求，并提出2025年该比例应达到85%。《推进多式联运发展优化调整运输结构工作方案（2021—2025年）》（国办发〔2021〕54号）、《深入打好重污染天气消除、臭氧污染防治和柴油货车污染治理攻坚战行动方案》（环大气〔2022〕68号）、《空气质量持续改善行动计划》（国发〔2023〕24号）等文件要求，到2025年新建或迁建煤炭、矿石、焦炭等大宗货物年运量150万吨以上的物流园区、工矿企业及粮食储备库等，原则上接入铁路专用线或管道；在新建或改扩建集装箱、大宗干散货作业区时，原则上同步建设进港铁路。加快铁路基础设施建设目标任务见表7-2。

加快铁路基础设施建设目标任务　　　　表7-2

文件名称	铁路专用线建设目标	铁路干线建设任务
《推进多式联运发展优化调整运输结构工作方案（2021—2025年）》（国办发〔2021〕54号）	到2025年，新建或迁建煤炭、矿石、焦炭等大宗货物年运量150万吨以上的物流园区、工矿企业及粮食储备库等，原则上接入铁路专用线或管道	补齐出疆入藏和中西部地区、沿江沿海沿边骨干通道基础设施短板；推动浩吉、大秦、唐包、瓦日、朔黄等铁路按最大运输能力保障需求
《关于印发〈深入打好重污染天气消除、臭氧污染防治和柴油货车污染治理攻坚战行动方案〉的通知》（环大气〔2022〕68号）	到2025年新建及迁建煤炭、矿石、焦炭大宗货物年运量150万吨以上的物流园区、工矿企业，原则上接入铁路专用线或管道	推进既有普速铁路通道能力紧张路段扩能提质，有序实施电气化改造，浩吉、唐呼、瓦日、朔黄等铁路线按最大能力保障运输需求
《国务院关于印发〈空气质量持续改善行动计划〉的通知》（国发〔2023〕24号）	到2025年，新建及迁建大宗货物年运量150万吨以上的物流园区、工矿企业和储煤基地，原则上接入铁路专用线或管道	—
《推动铁路行业低碳发展实施方案》（国铁科法〔2024〕2号）	2030年，大宗货物年运量150万吨以上的大型工矿企业和新建物流园区铁路专用线接入比例力争达到90%以上	加快完善浩吉、瓦日、唐包、朔黄、大秦等铁路煤运通道集疏运体系建设

（三）提升铁路货运服务水平

《关于加快推进铁路专用线建设的指导意见》(发改基础〔2019〕1445号)提出，优化服务流程和运输组织，减少中间短驳，简化作业环节，规范收费行为，提高运输服务效率和品质，加强与港口、航运等企业合作，促进港口通过铁路进行大宗货物和集装箱集疏运等。《推进多式联运发展优化调整运输结构工作方案（2021—2025年）》(国办发〔2021〕54号)提出，规范重点领域和环节收费，完善铁路运价灵活调整机制，鼓励铁路运输企业与大型工矿企业等签订"量价互保"协议；规范地方铁路、专用铁路、铁路专用线收费，明确线路使用、管理维护、运输服务等收费规则，进一步降低使用成本。《深入打好重污染天气消除、臭氧污染防治和柴油货车污染治理攻坚战行动方案》(环大气〔2022〕68号)提出，铁路运输企业完善货运价格市场化运作机制，规范辅助作业环节收费，积极推行铁路运费"一口价"。研究实施铁路集港运输和疏港运输差异化运价模式，降低回程铁路空载率等政策措施。《关于加强公路煤炭运输环境污染治理工作的通知》(发改基础〔2023〕546号)提出，加大煤炭直达列车、点到点货运列车等班列产品开行频次，规范煤炭铁路运输两端收费，完善铁路运价灵活调整机制，广泛推广煤炭协议制运输模式，推动铁路运输企业、煤炭生产及销售企业等拓展煤炭全程运输服务，提高煤炭铁路货运便捷性和经济性。

二、进展情况

（一）铁路货运量逐步提升

国铁集团大力推动大宗货物和中长途货物运输"公转铁"。深入贯彻中央调整运输结构、增加铁路运量的决策部署，充分发挥铁路绿色骨干优势，引导更大范围大宗货物"公转铁"，持续提高铁路运量。探索实践铁路货运价格市场化改革，进一步扩大铁路局集团公司运价管理权限，除直通煤炭等关联性较强货物外，其他货物均由铁路局集团公司自主实施市场化定价，有力促进了"公转铁"运输。落实《关于加强公路煤炭运输环境污染治理工作的通知》(发改基础〔2023〕546号)的要求，积极协调地方政府出台细化落实的文件和政策，按照"应转尽转"原则，承接好500公里以上中长距离煤炭"公转铁"需求。至2024年底，河北、山西、内蒙古、陕西、广西、新疆6省（自治区、直辖市）已出台具体落实方案。国铁集团发展高集约型绿色运输，有力推动货运增量。购置10万只集装箱，新研发顶开门箱、卷钢箱，开展集装箱使用率考核，督促铁路局集团公司排空紧缺箱型，推进特货运量提升。通过扩大开行班列、开展物流总包、购置集装箱、盯控订车兑现率等措施，促进白货运量增长。

2020年全国铁路完成货运总发送量45.5亿吨、货物周转量3.05万亿吨公里，分别比2017年提高23%、13%，铁路货运量增加8.6亿吨。2023年全国铁路完成货运总发送量50.4亿吨，比2020年提高10.8%，已完成《推进多式联运发展优化调整运输结构工作方案（2021—2025年）》（国办发〔2021〕54号）等文件提出的"2025年全国铁路货运量比2020年增长10%左右"的目标。

（二）港口煤炭集港"公转铁"取得积极成效

2023年，环渤海、长三角地区等17个沿海主要港口煤炭集港已改为铁路和水路运输。全国沿海主要港口煤炭采用铁路等绿色集疏运比例超过90%，总体达到《推进多式联运发展优化调整运输结构工作方案（2021—2025年）》（国办发〔2021〕54号）提出的"京津冀及周边地区、长三角地区、粤港澳大湾区等沿海主要港口利用疏港铁路等清洁方式运输大宗货物的比例力争达到80%"的目标。

三、典型大宗物资运输结构

（一）煤炭

2023年，全国煤炭消费约47.7亿吨，同比增长7.3%，较上年提高4个百分点。煤炭消费持续向电力、钢铁、建材、化工四大主要耗煤行业集中，2023年电力、钢铁、建材、化工及其他行业耗煤分别为27.49亿吨、6.97亿吨、5.23亿吨、3.4亿吨、4.58亿吨。四大行业煤炭消费量43.09亿吨，占煤炭消费总量比重的90.7%。

我国煤炭资源分布呈现"北富南贫、西多东少"的特点，形成了煤炭运输"北煤南运、西煤东调"的格局。我国产煤区主要在中西部，山西、陕西、内蒙古、新疆四省（自治区、直辖市）原煤产量占全国的75%左右，形成新疆地区（准东、吐哈、伊犁、库拜四大煤田）和"三西"地区（晋北、晋中、晋东、神东、陕北、黄陇等煤炭基地）的主要铁路煤炭运输通道。

铁路运输成为煤炭保供稳价的重要支撑。2023年，全国煤炭铁路运输量27.5亿吨，同比上升2.6%，占全国原煤产量的59%（商品煤占68.7%）。主要运煤干线中，浩吉铁路发运电煤6300万吨，同比增长10%；唐包铁路全年货运量完成14851万吨；瓦日铁路全年货运量完成 10008.1 万吨；大秦铁路提高 2 万吨重载列车开行比例，释放运输能力，煤炭发运量 4.22 亿吨，同比增长 6.4%，创 4 年来新高。2023 年，新疆铁路发运煤炭超过 1.3 亿吨，同比增长 5.4%，其中疆煤外运量 6022.7 万吨，同比增长 9.5%。

煤炭主产区公路运输仍占相当比例。2023 年，山西、陕西、内蒙古、新疆公路运输煤炭车次总量为 5544.2 万辆。山西、陕西、内蒙古、新疆煤炭公路运输量分别为 2445.8 万辆车次、685.2 万辆车次、1399.0 万辆车次、1014.2 万辆车次。山西、陕西、内蒙古、新疆公路运输煤炭跨省外运量分别为 471.7 万辆车次、258.4 万辆车次、279.9 万辆车次、43.7 万辆车次，占比分别为 19.3%、37.7%、20.0%、4.3%。在主要煤炭产区，煤炭公路运输主要呈现省（自治区、直辖市）内短途，占比近 81%，跨省（自治区、直辖市）外运占煤炭公路运输总量约 19%。其中，陕西煤炭公路运输跨省（自治区、直辖市）外运量最大，占比 37.7%，山西、内蒙古煤炭公路运输跨省（自治区、直辖市）外运量占约 20%，新疆煤炭公路运输跨省（自治区、直辖市）外运量占比 3.8%。

（二）焦炭

我国焦炭需求量呈现逐渐走低的趋势，2019 年为 4.65 亿吨，2023 年为 4.36 亿吨。焦炭消费主要与钢铁生产量密切相关。从焦炭内贸消费流通上看，总体显现出从北向南、自西向东格局。

焦炭主流向，主要有 4 条通道：由主产地山西、陕西等地向华北、华东等地区流通；由山西、陕西及其他北方省（自治区、直辖市）通过铁路、公路运至天津港、连云港港、日照港后，再经水路销往华东、中南地区；较邻近省（自治区、直辖市）或地区间的流通，如华北省（自治区、直辖市）的焦炭销往华东、中南各省（自治区、直辖市），中南地区北部省（自治区、直辖市）向其南部、华东地区销售等；由内蒙古运至辽宁地区。

2023 年，我国国铁运输焦炭 6568 万吨，占焦炭消费总量的 13.3%，主要为跨区域运输。由于焦炭具有在运输过程中易损耗的特点，一般交易双方都尽量避免增加中转环节，大多数货物从焦化厂直接运到钢厂，不具备铁路专用线的焦化厂通过附近的铁路集运站向钢厂集中发运。从近年来天津港、连云港港、日照港的国内中转数量看，焦炭流经港口集散地的总量约占到国内贸易总量的 7%。公路运输比例约占 80%。

（三）铁矿石

1. 国产铁矿石运输

2023 年我国生产铁矿石原矿 99055.54 万吨，折算成铁矿石为 31953 万吨，占铁矿石生产需求比例的 23.9%。从我国铁矿石厂矿企业整体情况来看，除西北、西南、华东、华南等少数矿区距钢铁生产企业有一定运输距离外，绝大多数铁矿石产区附近分布钢铁生产企业，特别是我国大型钢铁企业都拥有矿山，所生产的铁矿石原矿，先在矿区加工处理为铁矿石，然后采用铁路专用线、汽车、皮带等方式短途运输至钢铁生产厂，很少有长距离运输。

2. 进口铁矿石运输

2023 年我国进口铁矿石达到 11.79 亿吨。进口铁矿石主要在我国沿海港口接卸，主要集中在环渤海地区、长三角地区、东南沿海地区、西南沿海地区等区域。我国沿海港口的铁矿石运输系统日趋完善，形成了以唐山港、大连港、营口港、天津港、黄骅港、烟台港、青岛港、日照港等为主的环渤海港口腹地，以大船接卸为主、减载直达进江或二程转运进江至长三角港口腹地，以及华南沿海港口腹地，如宁波、湛江、防城港等。进口铁矿石的运输流向主要是港口向内陆和沿江省（自治区、直辖市）运输。内陆钢企中长距离的进口铁矿石运输，铁路具有明显优势；沿江钢企的进口铁矿石运输，水运具有明显优势。我国 45 个港口进口铁矿石日均疏港量为 300 万吨左右。2022 年全国重点港口进口铁矿石疏港量 7.03 亿吨，其中铁路疏运量占比 42.8%，公路疏运量占比 43.9%，其他运输方式疏运量占比 13.3%。2023 年全国重点港口进口铁矿石疏港情况与 2022 年大致相同。

（四）钢铁

我国是全球最大的钢铁生产和消费国。2023 年，我国粗钢产量为 10.2 亿吨，占全球的 54.0%；生铁产量为 8.7 亿吨；钢材产量为 13.4 亿吨。从钢铁的跨区域流动上看，流出区域为华北、东北、华东、中南、西北、西南，占比分别为 45.80%、17.65%、17.52%、13.61%、4.38%、1.04%，流入区域为华东、中南、西南、华北、东北、西北，占比分别为 49.73%、26.20%、9.72%、6.10%、4.28%、3.97%。

从运输结构看，华北本地钢铁需求主要由公路运输完成。由华北至华东、华南区域的钢铁运输，主要由公路运输至唐山港、天津港等主要港口，再由水路运至目的地。由华北至西北、西南区域的钢铁运输，主要由铁路完成，但受到经济性影响，钢铁企业会在公路和铁路运输间进行比价选择。全国年运量 150 万吨以上大型钢铁企业有 193 家，2022 年粗钢产量总规模约 8.6 亿吨，占全国粗钢产量的 85% 左右，从已接入铁路专用线的 116 家钢企看，在成品发送方面，铁路、公路、水运占比分别为 31%、55%、14%。

（五）石油

2023年，国内原油产量达2.08亿吨，同比增产300万吨以上。2023年，我国沿海港口原油吞吐量7.6亿吨，同比增长13.4%，外贸原油进港量5.3亿吨，同比增长13.0%。2023年，主要港口企业累计完成原油吞吐量45868万吨，同比增长5.4%，其中累计完成外贸原油吞吐量36334.06万吨，同比增长5.2%。

铁路成品油运输主要是指汽煤柴油运输，是铁路石油类运输的重要组成部分，占铁路石油类运输总量的80%以上。铁路成品油运输承担着国内成品油市场26%的运输任务。成品油货源也是铁路货运市场的高运价、长运距的优质货源，是铁路货运增收创效的重要组成部分。在成品油4种主要运输方式中，管道运输与铁路运输所占的份额最大，二者合计占70%~80%的运输份额。公路运输为管道运输和铁路运输的补充。

（六）粮食

我国粮食总产量不断提高，2024年达到7.07亿吨，且连续六年稳定在6.5亿吨以上。我国粮食流通已形成以"北粮南运""外粮内运"为主的格局，每年大量的粮食从北方的粮食产地通过铁路、水路运输到南方的主要粮食市场。多式联运体系初步构建，成品粮集装化运输比例逐步提高。

我国粮食生产的专业化、规模化形成了省（自治区、直辖市）内区域间、国内省市间以及国际市场的大流通。2022年，我国省（自治区、直辖市）内粮食物流达3.24亿吨，跨省（自治区、直辖市）粮食物流达3.15亿吨，省（自治区、直辖市）内粮食物流占总量的50.7%，跨省（自治区、直辖市）粮食物流占总量的49.3%。省（自治区、直辖市）内流通的粮食以公路运输为主，路程短，环节少，批量小。跨省（自治区、直辖市）粮食物流呈"北粮南运"格局，铁路运输占比较高。跨省（自治区、直辖市）粮食物流中，由产区中转库到销区中转库环节，为多种运输方式和多种物流模式的多元化共存状态。跨省（自治区、直辖市）粮食物流，路程长，环节多，批量大。跨省（自治区、直辖市）粮食运输，主要以铁路和水路为主，其中铁路占50%、水路占40%、公路占10%。进口粮中，80%的粮食经海运在沿海港口入境，20%从陆域入境，进口粮多以散装模式流入。进口粮入境后，主要流向华东地区和华北地区。进口粮食大部分流向港口周边的加工厂，其物流过程类似于省（自治区、直辖市）内粮食物流；少部分经中转流向内陆加工厂，其物流过程类似于跨省（自治区、直辖市）粮食物流。以日照港为例，2023年进口粮食1314万吨，其中公路疏港占44%。

（七）化肥

2023年我国农用氮、磷、钾化肥产量达到5713.6万吨（折纯量），较2022年增加140.22万吨（折纯量）。化肥实物量每年在1.6亿~1.8亿吨之间，实物量约为折纯量的3倍。

化肥运输流向形成了"南磷北调、北氮南运、西钾东运""季节性"运输的特点。氮肥生产主要集中在华东、华北和西北地区，其中华北地区是国内氮肥主产地，占全国总产能的29%左右。华南、东北等地区为主要流入地；磷肥生产主要集中在云南、贵州、四川和湖北，年产量占全国的80%以上，产品主要流向华北、东北、西北地区；钾肥生产几乎全部集中在新疆和青海地区，产品主要流向华北、华东、西南地区；复合肥生产主要分布在山东（25%）、湖北（14%）、河南（11%）、河北（8%）、辽宁（7%）五大省，合计占我国总产能的65%。产品主要流向周边农业大省（自治区、直辖市），靠近终端消费市场；其他肥料（掺混肥、有机肥等）受产品特点影响，产地与消费地相对重合，运距相对其他大肥品种略短。

根据被调查的20家肥料企业数据，2019—2023年肥料发运总量保持在4000万~4800万吨之间（实物量），发运方式主要为铁路、公路、水运。近5年铁路、公路、水运运量分别占肥料发运总量的46%、47%、7%。

（八）水泥

2024年，我国水泥生产18.11亿吨，是近年来最低产量。水泥使用中，房地产占25%~35%，基础设施建设占30%~40%。水泥是"短腿产品"，石灰石矿资源及产地各地分布较为平均，各区域都有本地生产基地，行业呈现区域性均衡分布特征，但各区域市场集中度通常较高。各省（自治区、直辖市）的头部企业在当地的产能市场占有率通常达到80%以上。

2023年，铁路完成水泥运输1282万吨，占水泥生产量的0.6%。长期以来，水泥运输主要以公路运输为主，公路运输占98%左右，铁路、水运占比很小，各占比不足1%。

（九）铝土矿

2024年，我国铝土矿产量约为6420万吨，虽比上年有所下降，但仍占世界铝土矿总产量的16%。2023年我国铝土矿全年进口14138万吨，进口量创历史新高，较上年增长12.9%。

我国54家冶金级的氧化铝厂中，使用纯进口铝土矿的有15家，使用进口和国产混合矿有22家，主要分布在山东、山西、河南、广西、重庆和内蒙古等地。进口铝土矿主要在烟台港、董家口港、黄骅港、龙口港、日照港、连云港港、钦州港、曹妃甸港、防城港港、威海港、莱州港等进港。

铁路运输在进口铝土矿疏运中发挥重要作用。烟台港作为中国最大的铝土矿进口港，也是全球最大的铝土矿进口港，2023年铝土矿外贸进口4472万吨，进口量占全国进口总量的35.6%。依托"龙口港—国能铁路"输运通道，相继开通"龙口港—西柏坡站""龙口港—东冶站"铝土矿运输业务。在国铁直达同时，新开辟"龙口港—大家洼站"铝土矿铁水联运通道。2022年，日照港铝土矿吞吐量457万吨，全部实现铁路疏港。2023年，青岛港共运输铝土矿2500万吨，其中铁路运输2150万吨，公路运输55万吨，水路运输165万吨。

（十）盐

2023年，我国原盐产量约为5256.8万吨，同比增长5.1%。从区域占比看，2020年，华东地区原盐产量占比达34.8%，西南地区原盐产量占比达19.49%。西北、华中、华北产量占比居中位，分别为17.7%、16.1%、10.2%。东北产量占比较少，为1.7%。

我国工业盐和食用盐主要以汽车运输为主，航运为辅，铁路运输极少。工业盐为了控制成本，大多是就近采购，采购半径为300~500公里。我国各省（自治区、直辖市）已形成省、市、县三级盐业公司经营体系，食用盐基本上从本省（自治区、直辖市）采购，使用汽车调运。

（十一）矿物性建筑材料

砂石集料是矿物性建筑材料的主要组成部分，是工程建设过程中使用最多的终端基建原材料。矿物性建筑材料涉及种类较多，建筑砂石集料在终端基建原材料中占84%，水泥占14%，钢材占0.02%，其他各类占1.98%。

2023年，我国砂石需求量约151.72亿吨，较2022年的158.85亿吨下降4.5%。建筑砂石集料产品特性明显，运输半径较小。由于运输成本高，受工程施工造价成本控制，建筑砂石集料有一定的运输半径。砂石集料从矿山购买成品的出厂价比运费还要低，因此，砂石集料多就近销售。近几年，国家铁路矿建材料平均运距不长，且呈现下降态势。

（十二）化工品

我国是全球最大的化工市场，我国企业承载着大多数全球产能，其中产能占比高于50%，包括化纤、钛白粉、氯碱、纯碱、染料、草甘膦等。2023年，我国石化行业实现营业收入15.95万亿元，同比下降1.1%，我国主要化学品生产总量约7.2亿吨，同比增长6%。

我国大宗化学品的物流产业规模飞速增长。2023年，我国化工物流市场规模为3.01万亿元。危化品物流市场规模不断提升，由2015年的1.2万亿元增长至2023年的2.38万亿元，年均增速超过10%。我国危化品物流市场主要集中在华东地区和华南地区。整体来看，国内危化品物流运输总量持续增长，公路运输占据主要地位。国内危化品物流运输总量由2015年的13.6亿吨增长至2023年的18亿吨，其中公路运输占比63%，水路和铁路占比分别为22%和9%，其余为管道运输。随着石化产业集群逐渐往沿海地区聚集，成本更低的水运渗透率逐渐提升，2022年沿海省际化学品运输量达到4000万吨，同比增长9.6%。

第二节 大力发展铁水联运

随着我国综合交通大通道的持续完善和产业调整升级，铁水联运迅速发展，对推动物流业降本增效和交通运输绿色低碳发展，完善现代综合交通运输体系起到重要促进作用。

一、铁水联运政策不断完善

近年来，国家和地方层面相继出台了多项政策，多维度、高标准发展铁水联运，提出了年均15%的增长目标，从推进铁路进港、创新组织模式、促进路港合作、推进"一单制""一箱制"等方面，支持和推动铁水联运发展。铁水联运发展政策见表7-3。

铁水联运发展政策　　　　表7-3

日期	政策名称	目标
2021.12	《国务院办公厅关于印发推进多式联运发展优化调整运输结构工作方案（2021—2025年）的通知》（国办发〔2021〕54号）	到2025年，全国集装箱铁水联运量年均增长15%以上

续上表

日期	政策名称	目标
2023.1	《交通运输部 自然资源部 海关总署 国家铁路局 中国国家铁路集团有限公司关于印发〈推进铁水联运高质量发展行动方案（2023—2025年）〉的通知》（交水发〔2023〕11号）	到2025年，沿海主要港口铁路进港率90%左右，全国主要港口集装箱铁水联运量年均增长超过15%
2023.8	《交通运输部 商务部 海关总署 国家金融监督管理总局 国家铁路局 中国民用航空局 国家邮政局 中国国家铁路集团有限公司关于加快推进多式联运"一单制""一箱制"发展的意见》（交运发〔2023〕116号）	—
2024.1	《推进铁路行业低碳发展实施方案》（国铁科法〔2024〕2号）	集装箱铁水联运量保持较快增长
2021.5	《关于印发湖北省推动多式联运高质量发展三年攻坚行动方案（2021—2023年）的通知》（鄂政办发〔2021〕27号）	到2023年，集装箱多式联运量年均增长20%，全省物流总费用占国内生产总值（GDP）比重力争进入全国前7位
2022.9	《关于印发〈关于上海市进一步推动海铁联运发展的实施意见〉的通知》（沪发改城〔2022〕65号）	2025年，海铁联运箱量年均增长15%以上
2022.9	《浙江省人民政府办公厅关于印发深化"四港联动"发展推进运输结构优化实施方案的通知》（浙政办发〔2022〕57号）	到2025年底，集装箱海铁联运量达到200万标准箱
2024.10	《福建省交通运输厅 福建省发展和改革委员会 中国铁路南昌局集团有限公司关于印发〈福建省进一步优化调整运输结构实施方案〉的通知》（闽交运〔2024〕12号）	到2025年底，集装箱铁水联运量年均增长15%以上

二、铁水联运规模总量迅速提升

（一）全国总体情况

国铁集团提升多式联运服务能力。全路推广实施网络货运平台，实现进站安全承诺网上签署，推出通用市场价、合约价等市场化报价模式。建设班列经营体系，构建铁路快运产品网络。印发铁路货运班列物流产品管理措施，探索货运班列客车化开行，实施网上订舱和市场化竞价，铁路快捷物流服务品质显著提升。研发海运订舱系统，试点多式联运"一单制"，与船公司联合签发多式联运运单，实现"托运人一次委托、费用一次结算"。探索构建系列 2 国家标准箱，即 35 吨宽体箱内贸多式联运体系，与中谷海运集团有限公司、大连信风海运有限公司、青岛新鸿海海运有限公司 3 家船公司合作新造或改造集装箱船舶。

我国共有 35 个沿海及内河港口开展集装箱铁水联运业务，其中内河 12 个港口。集装箱铁水联运业务基本覆盖沿海沿江主要港口。2023 年，集装箱铁水联运量达 1018 万标准箱，同比增长 15.9%，相比 2016 年的 275 万标准箱增长了 2.7 倍。"十四五"前三年年均增幅达到 14%，基本实现《推进多式联运发展优化调整运输结构工作方案（2021—2025 年）》（国办发〔2021〕54 号）提出的"集装箱铁水联运量年均增长 15% 以上"的目标，特别是 2023 年增长 15.9%，超过了年均增长 15% 的目标。国家制定的铁水联运政策措施，总体上推进有力、落实到位、效果明显。截至 2024 年 11 月底，全国港口集装箱铁水联运量完成 1063 万标准箱，同比增长 15% 左右。全国港口集装箱铁水联运量见图 7-1。

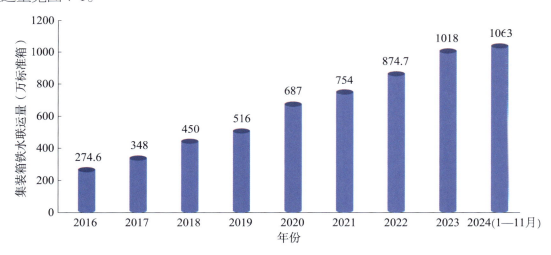

图 7-1　全国港口集装箱铁水联运量

（二）重点港口情况

2023 年，完成铁水联运量前三位的港口为青岛港（220.8 万标准箱）、宁波舟山港（165.2 万标准箱）、天津港（122.7 万标准箱），其他港口铁水联运量均在 100 万标准箱以下。2023 年重点港口铁水联运量见表 7-4。

2023年重点港口铁水联运量　　　表7-4

港口	相关铁路局集团有限公司	联运量（万标准箱）
丹东港	沈阳铁路局集团有限公司	2.0
大连港	沈阳铁路局集团有限公司	45.8
营口港	沈阳铁路局集团有限公司	75.4
锦州港	沈阳铁路局集团有限公司	31.3
盘锦港	沈阳铁路局集团有限公司	4.7
秦皇岛港	北京铁路局集团有限公司	1.1
唐山港	北京铁路局集团有限公司	20.3
黄骅港	北京铁路局集团有限公司	5.9
天津港	北京铁路局集团有限公司	122.7
青岛港	济南铁路局集团有限公司	220.8
日照港	济南铁路局集团有限公司	10.3
连云港港	上海铁路局集团有限公司	51.4
上海港	上海铁路局集团有限公司	71.9
宁波舟山港	上海铁路局集团有限公司	165.2
南京港	上海铁路局集团有限公司	13.9
苏州港	上海铁路局集团有限公司	3.7
芜湖港	上海铁路局集团有限公司	0.9
福州港	南昌铁路局集团有限公司	6.4
厦门港	南昌铁路局集团有限公司	10
九江港	南昌铁路局集团有限公司	3.8
深圳港	广州铁路局集团有限公司	27.9
广州港	广州铁路局集团有限公司	43.6
湛江港	广州铁路局集团有限公司	2.1
岳阳港	广州铁路局集团有限公司	4.5
广西北部湾港	南宁铁路局集团有限公司	45.2
武汉港	武汉铁路局集团有限公司	16
荆州港	武汉铁路局集团有限公司	1.2
重庆港	成都铁路局集团有限公司	4.6
泸州港	成都铁路局集团有限公司	5.0

2023年，煤炭、铁矿石疏港总量超过1亿吨的港口为唐山港（56639万吨）、日照港（27616万吨）、黄骅港（27723万吨）、宁波舟山港（17404万吨）、天津港（15419万吨）、连云港港（12265万吨）和广西北部湾港（10432万吨）；铁路占总疏港量比例超过50%的港口为大连港（60.5%）和温州港（58.2%）；绿色疏港方式（包括铁路、水路、封闭式皮带廊道、新能源汽车）占比超过90%的港口为珠海港（98.6%）、南京港

（96.7%）、湛江港（96.0%）、黄骅港（96.0%）、大连港（95.8%）、宁波舟山港（96.5%）和烟台港（93.4%）。2023年重点港口大宗货物铁水联运情况见表7-5。

2023年重点港口大宗货物铁水联运情况　　　　　表7-5

港口	煤炭、铁矿石疏港总量（万吨）	铁路占总疏港量比例（%）
大连港	2319	60.5
营口港	5214	43.9
唐山港	56639	4.4
天津港	15419	27.1
黄骅港	27723	9.9
烟台港	5481	0.9
青岛港	12620	36.1
日照港	27616	38.5
连云港港	12265	36.4
南京港	3657	17.6
宁波舟山港	17404	8.7
温州港	1153	58.2
福州港	7557	8.5
厦门港	3677	19.5
广州港	5628	10.6
珠海港	3290	31.6
湛江港	8347	25.4
广西北部湾港	10432	35.4

三、联运设施设备加快完善

近年来，我国港口多式联运基础设施不断完善，"6轴7廊8通道"国家综合立体交通网加快推进，联网、补网、强链不断深化，多式联运大动脉、微循环进一步畅通。黑龙江、宁夏等地加快铁路干线瓶颈路段扩能改造，提升衔接保障能力；安徽积极发挥水运优势，依托引江济淮工程加快完善通江达海水运通道，推动铁水联运、江海联运快速发展；上海加快芦潮港铁路中心站建设升级，启用铁水联运专用堆场；广西推动港口集疏运铁路建设，广西北部湾港三大港区均已实现铁路进港，推动铁水联运一体化运行。

（一）港口集疏运铁路加快建设

实施国家综合货运枢纽补链强链，2023年支持10个港口集疏运铁路项目建设。港口集疏运铁路设施建设进展顺利，南通港洋口港区至吕四港区铁路联络线、日照岚山疏港铁路、宜宾港铁路集疏运中心等项目建成，北仑支线复线、坪岚铁路扩能改造工程、厦门远海码头铁路专用线等集疏运铁路项目加快建设，安庆港长风港区铁路专用线、铜陵港江北港区铁路专用线、阳逻国际港集装箱铁水联运二期等内河港口集疏运铁路项目稳步推进。

（二）港口后方铁路通道稳步推进

重点路段运输能力持续提升。2023年甬金铁路、水曹铁路等项目建成，黄万铁路电气化改造、钦防铁路复线、静海城投铁路专用线（唐官屯）、衢丽铁路等项目加快建设，钦港铁路复线、温武吉铁路等项目前期工作有序开展。

（三）内陆场站能力持续提升

2023年天津港安阳"无水港"、重庆港攀枝花"无水港"等11个"无水港"开港启运，宁波舟山港金义"第六港区"集装箱箱管中心正式启用，上海港内陆集装箱中心（ICT）同港运作模式加快推广。持续推动京津冀地区、长三角地区、粤港澳大湾区、晋陕蒙煤炭主产区等铁路专用线进厂区（园区），推动大宗货物和中长途货物运输"公转铁""公转水"。

（四）铁路进港率显著提升

"十四五"期间，累计支持建设110个铁水联运型枢纽，引导铁路专用线接入港区。截至2023年底，全国沿海和长江干线主要港口铁路进港率均已超过90%。唐山港、青岛港、日照港、连云港港、广州港、南京港主要港区均已接入铁路专用线，基本能够实现港口、铁路之间的无缝高效衔接。2023年主要港口铁路进港率见图7-2。

四、服务网络范围更加广泛

我国沿海及内河港口共开行集装箱班列线路300余条，青岛港、宁波舟山港、天津港、连云港港等主要开展集装箱铁水联运的港口，均投资建设了内陆场站，延伸铁水联运一体化服务链条。截至2023年底，宁波舟山港已开通海铁联运线路超100条，其中图定班列25条，内陆无水港布局36个，业务辐射全国16个省（自治区、直辖市）的65个地级市，形成了北接古丝绸之路、中汇长江经济带、南联千里浙赣线的三大物流通道。重点港口开通海铁联运线路数量见表 7-6。

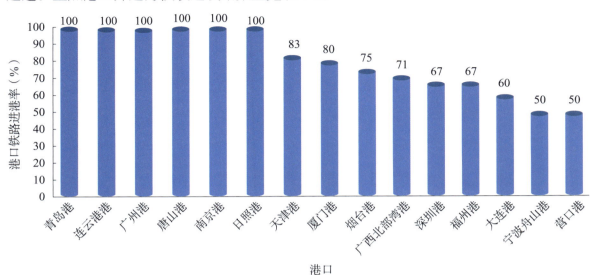

图 7-2 2023 年主要港口铁路进港率

重点港口开通海铁联运线路数量　　　　　　表7-6

港口	开通海铁联运线路数量（条）
青岛港	74
宁波舟山港	100+
天津港	44
营口港	15
上海港	17
连云港港	13
大连港	40+

总体来看，我国已基本形成以大连港、营口港为枢纽，沿哈大、绥满铁路辐射东北地区；以天津港、青岛港、连云港港为枢纽，沿京哈、京沪、胶济、石太、陇海、宝兰等铁路辐射中西部地区；以武汉港、重庆港为枢纽，沿沪蓉铁路辐射长江沿线；以宁波舟山港为枢纽，沿浙赣铁路辐射华东、中南地区；以厦门港、福州港为枢纽，沿鹰厦铁路辐射东南沿海地区；以深圳港、广州港为枢纽，沿京广、南昆铁路辐射华南、西南地区；以广西北部湾港为枢纽，沿黔桂、川黔铁路辐射西南地区的发展格局。国内集装箱班列线路基本覆盖除西藏外的全国所有省（自治区、直辖市）。

港口国际班列多通道格局逐步完善。连云港主要由新疆阿拉山口（霍尔果斯）口岸出境，经哈萨克斯坦与俄罗斯西伯利亚铁路相连，通达欧洲其他各国；天津港主要由二连浩特口岸出境，途经蒙古国与俄罗斯西伯利亚铁路相连，通达欧洲各国；大连港、营口港主要经东通道满洲里口岸接入俄罗斯西伯利亚铁路，通达欧洲各国。

五、政企合力推进格局基本形成

在《关于进一步鼓励开展多式联运工作的通知》（交运发〔2016〕232号）、《推进多式联运发展优化调整运输结构工作方案（2021—2025年）》（国办发〔2021〕54号）、《推进铁水联运高质量发展行动方案（2023—2025年）》（交水发〔2023〕11号）等一系列政策措施的推动下，各级政府和相关企业高度重视集装箱铁水联运发展，形成了政府、企业共同推进集装箱铁水联运发展的良好格局。

（一）建立协同推进铁水联运发展工作机制

2023年，交通运输部联合国家铁路局、国铁集团成立了协同推进铁水联运发展工作专班，全国20个省（自治区、直辖市）也相应建立了协同推进铁水联运发展工作机制。大连港、营口港、天津港、青岛港、宁波舟山港、武汉港、黄石港、南京港、重庆港、济宁港等26个沿海沿江港口与内河港口，围绕铁水联运业务牵头实施了国家多式联运示范工程，示范带动效应不断显现。

（二）多地出台支持政策

在国家政策和示范项目的推动下，多个省（自治区、直辖市）出台相关政策，支持集装箱铁水联运发展。天津市印发推动天津港加快"公转铁""散改集"和海铁联运发展的政策措施，上海市印发推进海铁联运发展项目资金管理实施细则等，对集装箱铁水联运发展给予了政策和资金支持，加快了集装箱铁水联运的发展。各地港口、航运企业也给予集装箱铁水联运相应的支持，多家大型航运企业对铁水联运集装箱空箱箱源调配、重箱舱位保障、海运运价等方面给予了支持。

（三）口岸通关环境显著优化

2023年，积极推进国际贸易"单一窗口"建设，建立国际航行船舶联合登临检查机制。印发港口服务指南，推动提高港口装卸转运效率。创新通关模式，优化"铁路快通"模式。重庆实施"离港确认"模式，通关时效得到压缩。山东、广西等地推广进口货物"船边直提"和出口货物"抵港直装"业务线上办理新模式。

（四）配套政策持续完善

用好国家综合货运枢纽补链强链等政策，支持建设铁水联运型枢纽，引导铁路专用线接入港区，推进大宗货物和集装箱中长距离运输"公转铁""公转水"。天津、辽宁、福建、湖北、广东、四川等地出台集装箱铁水联运奖励政策，提升铁水联运竞争优势。辽宁、湖北等地出台"奖励办法"，对国家多式联运示范工程给予资金奖励。

六、市场参与主体不断扩容

我国集装箱铁水联运市场参与主体不断扩容，由过去的港口企业为主推动，参与主体从港口、铁路、航运等国有企业逐步拓展到代理、物流等民营企业，经营主体不断丰富，逐步发展成为港口、铁路、航空、代理、物流等企业多方参与、多方推进的发展格局。中铁集装箱运输有限责任公司打造中欧班列、铁海快线、多联快车三大物流品牌，2023年开行数量分别达1.7万列、2.8万列、5473列，同比分别增长6%、17.3%、15.3%；2023年完成国内物流发送量523万标准箱，同比增长19.3%；铁路箱下水完成39.9万标准箱，同比增长8.3%。中远海运集装箱运输有限公司加大与铁路、港口等合作，在欧洲、东南亚、日韩等地区打造供应链运营平台，实现区域内拖车、铁路、仓储、报关等资源的共享与统一运营，累计已开通国内海铁线路553条。湖北港口集团有限公司、江苏省港口集团有限公司等单位通过优化枢纽通道布局、开通铁水联运线路、成立多式联运发展联盟等多种方式，推动铁水联运发展。

七、综合服务功能不断创新

（一）试点示范工程效果显著

交通运输部联合国家发展改革委先后组织开展了4批国家多式联运示范工程，确定了116个项目，覆盖全国29个省（自治区、直辖市），带动上下游超过1000家企业协同联动，推动辽宁、安徽、河南、广东、湖北等地开展省级多式联运示范工程。组织开展第一批智能交通先导应用试点项目，加快集装箱站场智能化建设改造。

（二）铁水联运模式不断创新

浙江、辽宁等港口开发"国际班列＋海铁联运"精品线路，协同推进铁水联运与中欧、中亚国际班列衔接，推动完善联运服务网络。天津、山东、广西等地试点35吨铁路宽体箱下水。广东、浙江等地因地制宜创新开行商品车、汽车配件、新能源产品专列，江苏开行45英尺集装箱重去重回班列，实施"铁路快通"新模式，重庆实施"离港确认"模式，压缩集装箱通关时效。

（三）"散改集"运输业务加快发展

各地加快"散改集"业务发展，推动提高东北地区粮食，晋陕蒙地区煤炭焦炭，沿海港口进口铁矿石和进口粮食等高附加值散货源头入箱比例，进一步拓展东北地区钢材、华东地区商品车等新货类装箱运输。完善装卸工艺设施，推动山东日照港升级改造"'散改集'全自动化工艺系统"，实现列车"直卸直装"作业模式，换装作业率提高53%。2023年港口"散改集"作业完成916万标准箱，同比增长18.1%，粮食、煤炭及制品、矿石、钢材、矿建材料、化工原料及制品等主要货类"散改集"运量达770万标准箱，同比增长16.8%。

（四）多式联运"一单制"加快推进

2023年，交通运输部等部门印发《关于加快推进多式联运"一单制""一箱制"发展的意见》（交运发〔2023〕116号），组织开展首批15个综合运输服务"一票制、一单制、一箱制"试点，指导山东、辽宁、福建等地开展省级多式联运"一单制"试点。加快推动"一单制"模式创新与推广应用，推动宁波舟山港30余条铁水联运线路"一单制"全覆盖，指导天津、辽宁、福建等地开展铁水联运"一单制"精品线路试点。中铁集装箱公司、广西北部湾港等为客户签发"一单制"提单，探索应用"一单制"金融属性。宁波舟山港充分发挥港口与船公司合作优势，与15家船公司签订协议，在义乌、金华、合肥等33条海铁联运线路开展"一单制"服务，2024年一季度海铁联运"一单制"业务完成2.6万标准箱，同比增长7%。

八、信息化应用范围不断拓展

5G、北斗、大数据、区块链、人工智能、物联网等技术在铁水联运业务中不断应用。铁水联运业务运营主体推进铁路与港口营运计划、货场作业、码头作业、船公司口岸等信息的实时交互，打通业务信息全流程，提升铁水联运营运效率。国铁集团探索建设数字化、自动化集装箱场站系统，实施中国铁路"95306"改版升级。浙江升级打造"四港联动"智慧物流云平台，整合打通1600余个系统，汇集超90亿条数据，推动多式联运订舱操作效率提升40%。宁波舟山港建设海铁联运公共信息服务平台，已实现国铁集团与宁波舟山港集团有限公司"集装箱铁路在途信息"

的共享，以数据报文形式将"铁路在途节点信息""铁路场站进出场地查询信息"2项数据接入宁波舟山港集团有限公司的"海铁联运物流协同服务系统"，为客户提供铁路集装箱在途跟踪、数据查询等服务，实现了宁波舟山港海铁联运集装箱全流程在途信息跟踪。

九、铁水联运标准持续完善

2023年，交通运输部印发《铁水联运标准化行动方案（2023—2025年）》（交办科技〔2023〕40号）。国家发布了《集装箱多式联运运单》《多式联运运载单元标识》《多式联运货物分类与代码》《港口海铁联运电子数据交换技术要求》等多项国家和行业标准，持续完善铁水联运标准。铁水联运标准见表7-7。

铁水联运标准　　　　　　　　　　　　　　　　　　　　表7-7

序号	标准号	标准名称	标准类型
1	GB/T 17298—2009	国际贸易单证格式标准编制规则	国家标准
2	GB/T 30343—2013	国际货运代理海铁联运作业规范	国家标准
3	GB/T 42184—2022	货物多式联运术语	国家标准
4	GB/T 42808—2023	港口海铁联运电子数据交换技术要求	国家标准
5	GB/T 42820—2023	多式联运货物分类与代码	国家标准
6	GB/T 42933—2023	多式联运运载单元标识	国家标准
7	GB/T 44430—2024	集装箱多式联运运单	国家标准
8	JT/T 1350—2020	海铁联运　列车磅单报文	行业标准
9	JT/T 1351—2020	海铁联运　需求车提报报文	行业标准
10	JT/T 1352—2020	海铁联运　列车运行与货物追踪接口	行业标准
11	JT/T 726—2022	集装箱多式联运电子数据交换　基于XML的舱单报文	行业标准

第八章　运营维护绿色低碳

铁路运营维护不仅关系到铁路运输的安全性和稳定性，还直接影响铁路运输的效率和成本。近年来，我国铁路行业推广智能技术装备，推动运维向绿色低碳转型，提升运营维护的数字化、智能化水平。

第一节　智能运输

随着信息技术的不断发展，铁路智能运输正在成为提高运输效率、保障旅客安全、提升旅行体验的重要手段。

一、自动驾驶技术

（一）高速铁路自动驾驶技术及应用

高速铁路自动驾驶是我国智能高速铁路的重点支撑项目。我国在世界范围内首次实现时速350公里动车组自动驾驶应用，成为我国高速铁路技术国际领先的重要标志。自动列车运行（Automatic Train Operation，ATO）系统采用基于多策略寻优的节能降耗算法，以及节能优化的牵引/制动策略，可自动计算列车运行能耗和效率的最优解。

根据速度等级不同，分为面向200公里/时及以下的城际铁路中国列车控制系统（China Train Control System，CTCS-2+ATO）和面向更高速度等级线路CTCS-3+ATO。我国高速铁路自动驾驶系统的研发率先面向城际铁路，2016年珠三角城际铁路采用了基于中国列车控制系统（CTCS）的ATO系统，实现时速200公里的自动驾驶。2020年10月，京张高速铁路实现了时速350公里的自动驾驶。京张高速铁路和崇礼铁路共建设了11个具备ATO精确停车功能的车站，其中清河、八达岭长城以及太子城设有站台门。2023年开展了高速铁路ATO系统全场景全要素试验。至2024年底，高速铁路CTCS3+ATO车载设备共安装7列复兴号动车组，在京沈客运专线、京张高速铁路上运用，单车控车里程超过100万公里，综合计算ATO的节能率为7.77%。

（二）货运铁路无人驾驶技术及应用

货运铁路无人驾驶技术的普及应用对提升运输效率、降低运输成本、提高资源利用效率具有重要促进作用。2024年9月26日，我国无人驾驶重载列车在朔黄铁路完成开行试验，自此，我国重载铁路实现了从自动驾驶到无人驾驶的新突破。试验列车由108节车辆组成，全长约1.3公里，总重达10800吨。该技术的应用，可使列车的平均运行速度提升约1.7公里/时，平均牵引能耗降低约2.9%。

（三）铁路自动驾驶标准制定

2024年6月，在瑞典斯德哥尔摩召开的国际标准化组织ISO/TC269/SC3第九次全体大会决定，由中国主持编制《应用自动驾驶模式的运营规则导则》标准，这是全球首份关于铁路自动驾驶的技术报告。项目以中国、日本等国家和地区干线铁路自动驾驶应用为对象，通过识别应用自动驾驶对铁路运营关键要素的影响编制导则。2024年8月，国铁集团发布高速铁路ATO系统总体技术规范。

二、智能调度技术

智能调度系统能够实现对列车运行的精确控制和调度。优化列车运行方案，提高运输效率，已成为铁路行业绿色低碳发展的重点领域。我国已建成符合国家A级标准的中国铁路主数据中心，形成国铁集团数据中心、铁路局集团有限公司应用运行中心、站段信息机房三级架构的总体格局，全面覆盖国铁集团、铁路局集团有限公司和基层站段的三级通信信息网络，涵盖集成服务、数据服务、运维服务等多元化公共服务平台，突破了原有铁路行业信息基础设施的瓶颈。

铁路行业加速推进数字铁路建设，推广应用智能调度系统。成都北车辆段安全生产调度指挥中心结合数字化建设，开发了全段生产指挥系统，在线监测车辆运行状态及轮轴车间、修车车间各生产线的运行状况，同时具备实时呈现设备状态、生产进度、质量分析等功能，基本实现了车辆数字化检修生产。成都北车站安全生产调度指挥中心引入先进的局站一体化系统、枢纽调度指挥系统等调度系统和信息化技术，将车流组织归纳整理，提高了编组效率，其管辖的成都北编组站日均办理辆数由2022年的15359辆提升至2023年的17372辆，提升13.1%；停时由17小时压缩至16.1小时，压缩5.3%；无调比由24.3%提升至28.6%。成都北车站安全生产调度指挥中心见图8-1。

图 8-1　成都北车站安全生产调度指挥中心

2023 年，山东移动通信集团和山东高速轨道交通集团有限公司在新一代铁路移动通信系统中引入基于 5G 技术的铁路新一代移动通信系统（5G-R）、AI 等技术，结合边缘计算和网络切片等技术，建设智能化调车作业系统，推动益羊铁路实现数字化转型。该系统可精确定位机车车辆，提供防冒进、防超速和防越界等功能，结合轨道电路、车轮测速器、地面应答器以及伪距差分定位技术，增强了全站场范围内的跟踪防护能力。

截至 2023 年 9 月，中国铁道科学研究院集团有限公司组织研发的客运段旅客服务与生产管控平台自正式投入使用以来，在全路 37 个客运段、581 个车队全面上线并开展应用，全路总用户达 15.2 万人，列车长用户 1.78 万人，列车员用户 10.2 万人，日均派发 2779 份班组出乘计划，日均解析调令达 260 余项，提升了客运段生产组织效率。

第二节　重载运输

重载运输代表了铁路货物运输领域的先进生产力，我国以大秦铁路以及朔黄、浩吉铁路为重点，通过技术研发和自主创新，实现了多项技术创新，提升了我国铁路重载装备、重载线路、重载通信信号和重载运输组织等领域的技术水平及设计制造能力。

一、大秦铁路

（一）发展情况

大秦铁路是我国境内首条双线电气化重载铁路，也是首条煤运通道干线铁路，承担着 26 个省（自治区、直辖市）及全国 6 大电网、5 大发电公司、380 多家主要电厂、10

大钢铁公司和6000多家工矿企业的生产用煤和出口煤炭的运输任务。2024年，大秦铁路完成货运量3.92亿吨，煤炭运量占全国铁路煤运总量的25%。大秦铁路煤炭运量见图8-2。

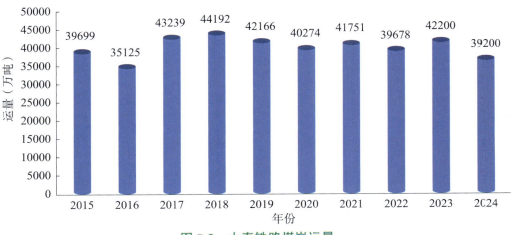

图8-2 大秦铁路煤炭运量

（二）重载运输技术

大秦铁路首次实现机车无线同步操纵系统（LOCOTROL）和铁路综合数字移动通信系统（GSM-R）的系统集成，开行2万吨重载组合列车，自主研制生产和谐型大功率交流传动电力机车，提高运输效率。2004年起，大秦铁路先后实施2亿吨、4亿吨扩能改造，以每年5000万吨的增量速度连续4年运量攀升，先后创造了年运量4亿吨、4.4亿吨的成绩。大秦铁路牵引制动再生能量综合利用装置，日均节约反向电量1.5万千瓦时，累计年均节电量约550万千瓦时。

大秦铁路实施绿化工程，加强铁路沿线环保设施建设，推进综合降噪、废气减排等新技术、新工艺、新装备的应用；在大秦铁路沿线建设污染监测点，实时监测监控煤尘颗粒抛撒状况；运用信息化、智能化技术开展再生制动回馈电能利用研究，测试回馈电能的比例为11.3%~35%。

（三）重载运输组织

开展"快速动车、压缩间隔"等提效攻关，2024年创下136.8万吨日运量历史新高。大秦铁路湖东二场2万吨大列开车由50列提高到66列，日常大量开行万吨、2万吨重载列车，日运量平均保持在130万吨，相当于每天分流2万辆公路重载汽车。大秦铁路重载列车见图8-3。

图 8-3 大秦铁路重载列车

二、朔黄铁路

朔黄铁路推动铁路重载运营智能化、物流平台化、生态共享化发展，谋划绿色转型，打造多功能、综合性、现代化能源大通道。

（一）发展情况

朔黄铁路正线使用电力机车，直接排碳为零，形成以"规范运作、自主经营；网运分离、联合运输；统分贯融、保障综合"为特色的发展模式。自开通运营 20 多年来，累计运送煤炭等货物超过 36 亿吨，2024 年完成货运量 3.71 亿吨，其中煤炭 3.48 亿吨、非煤炭 0.23 亿吨，三项运输指标均创历史新高。2024 年煤炭运量约占全国铁路煤运总量的 12%。

（二）重载运输技术

朔黄铁路践行绿色发展理念、推动绿色低碳转型，进行能源消耗结构变革，实践从传统的"能源消费者"向"能源制造者"转变。2024 年 4 月 20 日，朔黄铁路 3 万吨级重载列车运行成为我国铁路编组最长、载重最大的常态化开行组合列车。2024 年 9 月 26 日，无人驾驶万吨重载列车首次在朔黄铁路完成开行试验。研究重载铁路牵引供电系统分布式新能源接入、多源协同的柔性牵引供电体系、黄河流域生态低碳循环智慧规划框架，开展绿色低碳高效的能源环保体系化示范应用，推动重载铁路"零碳"建设。朔黄铁路 3 万吨级重载列车、无人驾驶万吨重载列车分别见图 8-4、图 8-5。

图 8-4　3 万吨级重载列车

图 8-5　无人驾驶万吨重载列车

1. 重载铁路分布式新能源接入低碳牵引供电系统关键技术

采用分布式护网边坡光伏能源综合利用技术，开拓绿色能源综合利用的新模式，采用适配于重载铁路的高安全性分布式光伏接入牵引网的建设方案，以及高功率密度集成与高效低成本新能源接入技术，提出基于分布式集群的新能源协同控制技术下的牵引网潮流控制技术。研制并网适应性强的变流接入设备，核心部件完全国产化可控，解决了重载铁路沿线分布式光伏建设成本高、系统线路损耗高、27.5千伏可靠接入与稳定运行的问题；开展光伏系统接入后电能质量主动治理、多能互补能量管理策略与潮流综合调控技术研究，设计研发光伏能量全流程管理系统与分层集群协同管理系统，实现光伏系统友好接入、高效利用、协同运行。

2. 重载铁路柔性牵引供电系统

朔黄铁路神池南至西柏坡区段地处太行山脉，海拔从1500米降至150米，坡度路段长达250公里左右，重载列车再生制动能量约有60%通过非制动列车吸收，40%反送电力系统，造成谐波等问题，影响电力机车运行。根据2023年数据测算，约有4.3亿千瓦时的再生能量未能很好利用。国能朔黄铁路发展有限责任公司开展的重载铁路柔性牵引供电系统研究与应用项目中的车载式储能技术与能量管理系统可解决再生制动能量的消纳问题，实现再生制动能源再利用。在传统牵引供电系统的基础上引入智能功率路由器的概念，研发新型功率路由器和功率融通设备，通过搭建智能路由将再生制动能量稳定分配，形成一种新型供能结构的牵引供电系统，提高再生制动能量的利用率，同时改变牵引变压器出力不均衡和供电技术指标波动范围大的现状。

3. 重载铁路零碳技术研究与应用

朔黄铁路以黄大线为示范，通过研究生态系统、水资源集约循环利用、可再生能源、节能改造等技术，为开展生态提升和节能减碳工作提供一整套实用的技术工具箱和灵活的智慧管理平台，并在利津站区内进行试点示范，助力黄大铁路生态文明站区构建。研究以"网源荷储"为核心的重载铁路绿色站区建设、运维技术研究与应用。结合生态养殖业和"源网荷储"一体化的可持续发展理念，研究实现最大光伏发电潜力的光伏布局方案，通过优化能源的供应、分配、利用和储存，实现地区能源系统的高效运行和低碳排放。

重载铁路零碳技术研究与应用、光伏发电接入牵引系统技术研究项目，在实现铁路绿色低碳发展的基础上，降低铁路企业运输成本。2023年数据表明，黄大线示范项目建成后，每年可提供清洁电能约450万千瓦时，节约标准煤约1470吨，每年减少二氧化碳排放量约3550吨、二氧化硫排放量约26吨、氮氧化物排放量约39吨。

4. 重载列车群组运行控制系统技术研究与应用

国家能源集团与中国通号共同开展中国神华重载列车群组运行控制系统技术研究与

应用项目，在半自动闭塞线路以群组方式实现列车追踪运行，创造群组内列车最小追踪间距 463 米的记录，单线铁路运输效能提升 100%，提升了铁路系统的运输灵活性、运载效能和运输安全。重载列车群组运行控制系统架构与功能见图 8-6。

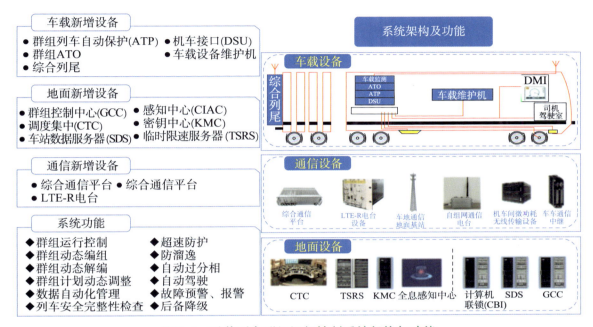

图 8-6　重载列车群组运行控制系统架构与功能

（三）重载运输组织

行车组织控制方面，2021 年发布重载移动闭塞技术，为重载铁路运能和效率提升提供成套解决方案，系统性地降低运输能耗及排放。2024 年 4 月，朔黄铁路黄大线启用调度中心集控模式，采用"调度指挥＋调度集控＋车站应急值守"的调度管控一体化工作体系，将沿线 10 个车站的运输组织工作统一集中到调度集控中心，提高重载铁路运输生产效能。

朔黄铁路以既有自动驾驶技术为基础，在黄大线完成无人驾驶万吨重载列车试验，实现自动驾驶、智能运维、调度集控的"车、地、网"全系统升级；将空 - 天 - 车 - 地联动、车载控制系统与地面远程监控中心的安全联动策略应用于重载列车无人驾驶领域，打造在车站集中控制、列车智能驾驶全系统革新的智慧重载运输，创建"数字化仿真、智能化驾驶、远程化遥控、集约化调度、一体化监测、少人化值守"新业态。

三、浩吉铁路

（一）发展情况

浩吉铁路全长 1813.5 公里。截至 2024 年 12 月 29 日，浩吉铁路累计运量达 3.75 亿吨，其中 2024 年浩吉铁路年运量首次突破 1 亿吨大关。

（二）重载运输技术

为确保浩吉铁路运输安全，中国铁路西安局集团有限公司依托大数据、云计算、物联网、5G 等，利用数据分析、视频监测、人工智能等信息技术，引进 CTC 调度列车运行控制系统、北斗系统检测、综合视频及智能分析等系统，将智能化技术与信息系统深度融合，建立智能化运输调度指挥系统。该系统通过计算机掌握列车状态和列车编组情况，实现调度指挥与车站作业一体化，共用同一数据源，确保各项站内作业无缝衔接，提升全线作业安全和运输安全。2023 年 11 月，浩吉铁路完成无线同步操控和辅助驾驶系统综合试验，为提高机车周转效率和人员劳动效率，发挥浩吉铁路运输能力提供保障。

建设重载铁路分布式光伏项目，打造具有铁路应用场景的绿色低碳园区。挖掘浩吉铁路沿线资源，联合中国铁路投资集团有限公司建设浩吉铁路灵宝东光储充一体化电站。浩吉铁路灵宝东光储充一体化电站利用浩吉铁路灵宝东综合维修车间场段边坡及低效土地共计 3.79 万平方米，建设装机容量 4.18 兆瓦。电站自投运以来，单日最大发电量达 2.5 万千瓦时，年均发电量约 458 万千瓦时，每年可节约标准煤约 1600 吨，减少二氧化碳排放约 4260 吨。浩吉铁路灵宝东光储充一体化电站见图 8-7。

图 8-7　浩吉铁路灵宝东光储充一体化电站

（三）重载运输组织

2021年，浩吉铁路推进与国铁干线互联互通的联络线建设，在服务路网互联互通上，坚持联网、补网、强链，尤其在物流通道的"最先一公里"上推进蒙达铁路专用线、纳林河二号铁路专用线、陶利庙南铁路专用线等煤矿铁路专用线建设，在"最后一公里"上推进电厂专运铁路建设。浩吉铁路全线配套集疏运项目已建成投产50个，形成集运能力1.07亿吨、疏运能力5400万吨。"三西"地区煤炭通过浩吉铁路到达长江沿岸港口后直接下水，利用长江水道和洞庭湖水运优势形成铁水联运体系。2024年，浩吉铁路在湖南的配套集疏运项目华中煤炭铁水联运项目投入运营。该项目可在24小时内将"三西"地区煤炭直接输送至长江中下游的煤炭消耗企业，比采用"海进江"的运输方式节省约15天时间。

第三节 绿色低碳维护

铁路行业推进铁路维护绿色发展，推动节能减排降碳扩绿，持续推动运维体制绿色低碳转型，提升运营检修数字化、智能化水平，实现铁路两侧"绿色长廊"持续延伸，铁路桥梁智能运维以及铁路货车基于数据驱动的智能运维检修。

一、铁道生态长廊建设

铁路沿线绿化成果已见成效。截至2023年底，全国铁路现存灌木78252万穴、乔木16531万株，66618公里宜林铁路已绿化58551公里，同比增长4.8%，铁路线路绿化率达87.9%。为提升既有林木质量，铁路行业持续探索集约高效的管护机制，开展养护、更新、补植、病虫防治等工作。全面落实防火责任制，构建路地联动的防控体系，抓好火灾隐患排查和整治，严防铁路林木出现较大火情。全路4220.34公里的沙害铁路，已治理2073.80公里，2023年生物治沙89.48公里，沙害治理率达到51.26%。全国铁路绿化率见图8-8。

中国铁路南昌局集团有限公司探索施工工艺，用环保材料替换普通油浸木枕，对污水、噪声进行全方位严密检测，消除铁路材料对长江水系造成污染的可能性。在中老铁路建设的过程中，打造"滇中胜景""林海茶韵""傣族风情""绿色森林"等沿途美景。江湛铁路线内建设长达2公里的拱形全封闭声屏障，创造了时速200公里的列车几乎以

"静音"模式快速与景区"擦肩而过"的奇迹。贵南高速铁路在 7 次跨越澄江湿地公园的澄江双线特大桥上应用声光屏障、节段拼装梁等环保技术，减少对保护区内野生动物的干扰。和田至若羌铁路风沙防护治理示范工程，采用工程防沙与植物防沙相结合的路段达 285.7 公里，种植梭梭、红柳、沙拐枣等耐干旱、耐盐碱苗木 1296.1 万株，全线风沙用地达 151.33 平方公里，林带覆盖面积达 76 平方公里。上海高速铁路基础设施段开展企业绿化提升行动，在沿线 7 万多平方米的生产场院，栽种花卉 10 余种、苗木 10 万余株。贵南高速铁路声光屏障阻挡列车声光见图 8-9。

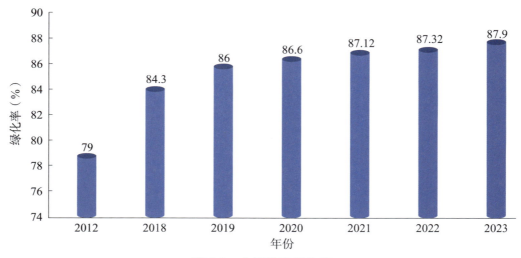

图 8-8　全国铁路绿化率

图 8-9　贵南高速铁路声光屏障阻挡列车声光

二、高速铁路低碳维保

铁路行业探索科学管理模式，确定维保时间、设备及材料的更换保养周期，确保车辆的安全运输。我国高速铁路已普遍将电子位移传感器与太阳能供电及物联网技术结合，实现运营期基础沉降的长期自动连续监测。京沪高速铁路南京南站安装了 600 多块智能型电表，实现能耗精准监测，同时利用智能化运营管理平台采集现场各类能耗数据，通过统计分析，对相关机电末端设备的馈出进行实时控制，优化节能策略，每年节电超过 180 万千瓦时，节约蒸汽超过 2 万吨。

结合铁路专业多且复杂的特征，维保工作根据不同的作业流程，建立维保台账，通过不同专业的维保需求，收集作业数据，形成运输效能、维保要求、节碳量几者之间的应用曲线，通过具体的数据分析及管控，建立碳当量维保作业流程，达到合理的维保应用。

铁路行业推广轨道及线下结构的"地对地"全生命周期智能监测与健康诊断设备，采用无线网络传感器技术和第四代移动通信技术，以弥补现有"人对地""车对地""空对地"等监测方式灵活性差、布线复杂、监测范围受限、成本高的缺陷。中老两国铁路部门广泛采用卫星地图、无人机、远程视频等先进科技手段，充分运用先进技术装备进行线路养护维修，保障设施设备质量状态良好。

三、铁路桥梁智能维护

我国共有 9.2 万座、累计长度 3.1 万公里的铁路桥梁，其中高速铁路桥梁长度为 2.2 万公里。由于铁路桥梁数量多、年代跨越大、地理气候环境复杂、自然灾害因素多、安全管理要求高等维护特点，铁路桥梁智能维护面临着巨大的需求。中铁大桥科学研究院有限公司研发的"高速铁路高精度位移（沉降）自动实时监测技术""基于物联网技术的结构竖向位移测试系统""桥梁梁底全自动检测机器人""拉索检测机器人""桥梁巡检水下机器人""大跨度悬索桥索夹螺杆超声轴力测试系统"等系列检测技术、监测系统和装备，为智能检测和施工监测提供了技术支持。国铁集团发布的智能高速铁路技术体系实现了对桥梁的智能维护，在沪苏通长江公铁大桥、五峰山长江大桥以及标准梁式桥上进行了应用。国家能源投资集团有限责任公司优化完善铁路桥梁换运架一体机使用功能，进一步扩大使用了范围。福厦高速铁路是全国首条设计时速 350 公里的跨海高速铁路，其上泉州湾、湄洲湾、安海湾三座跨海大桥的养护面临地震活跃带、高风速带及盐雾侵蚀等多重挑战，传统人工巡检难以满足斜拉桥特殊结构检查监测的需要。福厦高速铁路综合应用智能传感、地理信息、卫星导航、云计算等现代信息技术，建立了完整的大跨径桥梁与轨道一体化健康监测系统，实现了桥轨结构运营期间各项参数的实时监测、动态分析和快速诊断，推动桥梁智能养护场景落地。

四、多轨距铁路养护

全球铁路轨距各有不同，常见的有 1000 毫米的窄轨、1435 毫米的准轨以及 1520 毫米和 1676 毫米的宽轨等。为适应各国不同轨距的需求，中国铁建高新装备股份有限公司建立"同轨距最小限界"设计准则，规划了 6 类 32 种型谱，"基于有限约束 B 样条拟合 + 分区优化算法"新一代轨道几何参数系统，创新了国际多轨距铁路养护技术。2023 年 9 月，中国铁建高新装备股份有限公司完成"国际多轨距铁路大型养护装备关键技术及产品开发"科研项目，并生产了道岔捣固车、边坡清筛机、多功能捣固车等产品。这些产品广泛运用于中老铁路、雅万高速铁路，并出口到欧洲、亚洲、非洲、南美洲等 20 多个国家。

五、货车状态检修

随着铁路货车车辆技术装备的不断升级，车辆零部件的使用寿命与可靠性得到提升，传统的"日常检查、定期检修"检修模式已不适应铁路高质量发展要求。2017 年，国能铁路装备有限责任公司启动重载铁路货车智能运维体系改革，在行业内率先实现状态修。状态修持续优化货车检修，从资源驱动型转换为数据驱动型，实现重载铁路货车基于数据驱动的智能运维检修模式。2023 年，国能铁路装备有限责任公司以重载铁路货车运维状态修为代表的重载铁路货车智能运维体系取得重要成效，黄骅港整备线自备车的"状态修"工作得到全面推广，整备线技术运用日趋成熟，铁路货车全生命周期检修成本降低 12% 以上；国家能源集团铁路沿线各列检作业场扣临修车数量由过去的月均 200 辆以上降至月均 5 辆以下，铁路沿线临修扣车降低约 97.5%，沿线临修扣车现象基本消除；车辆运输周期压缩约 0.3 天，提升了铁路货运一体化运输效率。同时，应用重载铁路综合检测车，解决铁路道床质量高效普查、清筛质量综合评价和道床清筛辅助决策三大关键问题。

六、参与厂矿企业能源管理

依据《关于加快推行合同能源管理促进节能服务产业发展意见》（国办发〔2010〕25号）等文件要求，鼓励厂矿企业通过与铁路装备制造企业合作，开展节能技术改造，加快铁路运输机车研发以及货运场站节能技术改造，利用市场机制促进铁路行业与厂矿企业共同实现节能减排。

铁路行业在合同能源管理方面进行积极探索。西安铁路信号有限责任公司建立能耗在线监测平台，获得能源管理体系认证证书（图8-10）。青岛北站合同能源管理项目，大秦铁路公司太原站、太原南站照明灯具改造合同能源管理项目，黎南铁路有限责任公司南宁东站合同能源管理项目，兰州供电段投光灯塔灯桥合同能源管理项目等，推进铁路行业节能减排。依托中国北京铁路局集团有限公司 - 首钢集团绿色物流战略合作协议，首钢集团有限公司矿业公司与中国北京铁路局集团有限公司合作，完成运输一张图调度系统建设，实时掌控机车运行位置、状况，调度指令直达机车，实现铁路运输业务一体化、可视化管控、分析；搭建机车运行安控系统，通过一系列创新举措，实现铁路运输由行业传统的"三乘制"向"联乘制"再向"单乘制"的突破性变革，32台机车在冶金行业率先实现单乘制，释放人力资源116人。

图8-10　能源管理体系认证证书

第九章 积极参与碳市场建设

第一节 铁路产品碳足迹和企业碳核算

我国铁路企业积极探索铁路产品碳足迹，开展企业碳核算，提高铁路企业绿色发展水平和管理能力，提升产品竞争力，引领推动产业链绿色低碳发展。

一、铁路产品碳足迹认证

2024 年 6 月 28 日，中国中车发布"轨道交通装备碳足迹倡议"以及纯电新能源机车碳足迹报告。该报告由国际权威认证机构进行核查并颁发 ISO 14067 产品碳足迹证书。通过实景结合建模的方式，测算新能源机车产品从铁矿石到完成 30 年服役期后被回收处置、全生命周期的二氧化碳排放轨迹，1000 千瓦时"内燃发动机 + 动力电池"机车碳足迹为 7.40 千克二氧化碳当量每公里；1000 千瓦动力电池机车碳足迹为 7.92 千克二氧化碳当量每公里。以 30 年运行周期、1000 吨载荷、标准运行时速的 40%、电能消耗来自绿色电力为核算前提，每台纯电新能源机车服役期碳足迹降低约 94.2%，可减少碳排放 4076 吨；每台"内燃发动机 + 动力电池"新能源机车服役期碳足迹降低约 61.7%，可减少碳排放约 2735 吨。纯电新能源机车碳足迹报告核查声明见图 9-1。

二、铁路企业碳核算

2023 年，中国交通建设集团有限公司编制《铁路工程碳排放测算标准（试行）》《铁路工程碳排放预算定额（试行）》。这 2 项企业标准构建了铁路工程碳排放测算体系，明确了铁路工程建设阶段碳排放目标。2024 年，国铁集团开展铁路建设项目碳排放核算方法、节能减碳关键技术及效益评价研究，提出铁路工程碳排放量值传递体系方案，包括计量标准建设、量值溯源方案及既有溯源体系优化完善、计量数据智能化管理等，为铁路企业碳排放核算、减排、交易等提供可靠数据来源与支撑。

图 9-1　纯电新能源机车碳足迹报告核查声明

第二节　铁路绿色金融

绿色金融作为一种新兴的金融形式，是我国"双碳"目标政策框架的一个重要组成部分。通过提供资金支持、降低融资成本与引导市场资源配置等功能，为铁路发展提供支持，推动环境保护和可持续发展。我国已经出台的《绿色低碳转型产业指导目录（2024年版）》和《绿色债券支持项目目录（2021年版）》，已包括先进轨道交通装备制造、环境友好型铁路建设运营和铁路绿色化改造、多式联运系统与"公转铁""公转水"建设和运营。

一、铁路绿色信贷

绿色信贷是我国绿色金融市场中规模最大的绿色金融产品，约占绿色融资规模的90%。截至2023年末，我国人民币本外币绿色贷款达30.08万亿元，其中交通运输、仓储和邮政业绿色贷款余额5.31万亿元，占比为17.65%。绿色交通运输项目中以铁路运输和城市轨道交通项目为主。

广湛高速铁路项目由中国建设银行广州分行营业部牵头的银团贷款总额达 499 亿元，为铁路建设提供金融资金保障。近三年，中国建设银行广州分行营业部共牵头 6 条高速铁路及城际轨道项目银团，涉及项目总投资超 6000 亿元，银团总额超 965 亿元，其中中国建设银行广州分行营业部承贷份额超 242 亿元。中国建设银行南宁高新支行对黎南铁路建设，投放 17.5 亿元基本建设贷款主要用于黎南铁路项目的建设和运营维护等。截至 2023 年底，中国建设银行南宁高新支行为中国铁路南宁局集团有限公司及铁路行业客户贷款累计 143.02 亿元，其中绿色信贷 120.17 亿元。2024 年 1 月，兴业银行南宁分行为广西梧州新港铁路投资有限公司"铁路+水路"多式联运货运项目建设批复 4.13 亿元授信，并首笔投放贷款 8850 万元。

2024 年 2 月，国铁集团和中国建设银行签署《推进铁路现代物流高质量发展金融服务合作协议》，双方在四川、重庆、云南、广西、湖北等地开展铁路物流金融服务试点，依托铁路货运"95306"平台，推出"铁路运费贷""信用证结算""铁路单证融资"等铁路物流金融产品，铁路物流金融产品的客户超 200 家，银行授信融资总额超过 110 亿元。其中"铁路运费贷"涵盖煤炭、钢铁、建材、化肥、粮油、商贸物流等多个行业，以其操作便捷、惠及面广的特点，为客户提供更加便捷的融资渠道，通过优惠利率和增信额度，降低企业融资成本。

二、铁路绿色债券

2021 年，国铁集团首单"碳中和"公司债由中国铁路投资集团有限公司发行，"GC 国铁 01"首单"碳中和"公司债发行规模 20 亿元、票面利率 3.26%、期限 2 年。中国铁路投资集团有限公司首单碳中和绿色"科技创新"公司债券于 2023 年 3 月发行，发行规模 6.4 亿元、期限 1 年、票面利率 2.62%。经第三方绿色评估机构估算，绿色科创债券募集资金已投放的绿色租赁项目存续期期间，每年可节约 2259.93 吨标准煤，减排 4679.26 吨二氧化碳。

2024 年 10 月，苏州高铁新城国有资产控股（集团）有限公司发行"苏州高铁新城国有资产控股（集团）有限公司 2024 年面向专业投资者非公开发行公司债券（低碳转型挂钩）（第一期）"，发行规模 5 亿元、期限 5 年。2024 年 7 月，浩吉铁路股份有限公司 2024 年面向专业投资者非公开发行绿色乡村振兴公司债券（第一期），属于绿色乡村振兴债券，具备多重创新属性的公司债专项品种。

三、发展绿色信托

截至 2023 年底，我国绿色信托的存续规模已超 2600 亿元，形成以绿色信贷和绿色资产证券化为核心，以绿色股权投资、绿色债券及绿色基金为支撑的绿色信托产品体系，为绿色信托可持续发展奠定基础。

2022 年以来，中铁信托有限责任公司设立了中国中铁乡村振兴 1 号、2 号和 3 号慈善信托，规模合计 2.47 亿元，向乡村振兴项目划拨资金 2.15 亿元，帮扶地区覆盖山西保德县、西藏昌都市卡若区和湖南郴州市桂东县、汝城县，帮扶项目涵盖产业帮扶、教育支持、清洁能源发展、基础设施建设、农业发展等多个领域。中国中铁乡村振兴 1 号慈善信托支持 1980 万元，帮扶建设保德县冯家川乡神山村 5 兆瓦光伏电站项目，每年为国家电网提供 7911.4 兆瓦时的清洁电能，每年可节省标准煤约 2500 吨，减少碳排放约 6060 吨。

四、创新绿色租赁

绿色租赁在加快产业结构调整，促进能源、交通运输、城乡建设等绿色低碳转型方面发挥着积极作用。中铁金控投资控股有限公司作为中国中铁全资子公司，探索创新绿色租赁业务，开展绿色整体建筑，施工和装修垃圾减少约 70%、施工用水和混凝土损耗减少约 60%，节能约 50%，钢材回收率达到 90%。中铁建金融租赁有限公司打造中国铁建云租平台，为产业链上的各方提供"管、租、融、服、处、数"六项标准化服务。中国铁建依托铁建云租绿色供应链平台，实现闲废设备绿色回收。2024 年，国铁融资租赁有限公司累计开展业务合同签约总金额已超 368 亿元，先后与中国铁路上海、北京、广州、郑州等 9 个局集团有限公司开展动车组租赁业务，降低国铁集团本级负债水平，丰富国铁集团装备购置主体，形成装备购置、使用新模式。通过银行贷款、公司债等方式，国铁融资租赁有限公司引入社会资金间接参与铁路发展建设，已累计融资超 306 亿元，授信总额达到 482.67 亿元。2024 年 7 月，国铁融资租赁有限公司与内蒙古集通铁路（集团）有限责任公司签署 4 列时速 160 公里复兴号动力集中动车组资产转让合同。

第三节　铁路践行 ESG

铁路企业持续推进环境、社会和治理（ESG）治理体系建设，不断提升企业的可持续发展能力和现代治理能力，为提升铁路企业责任意识和整体形象创造有利条件。

一、树立 ESG 理念体系

中国铁建将高质量发展理念融入 ESG 管理，具体贯彻到环境、社会及治理中，共建系统有效、惠及各方的 ESG 理念体系，助推企业和利益相关方实现共同可持续发展。中国中车以创新引领、改革赋能、价值创造为三大主题，加快发展新质生产力，加快推进高质量发展，努力打造具有中国中车特色的 ESG 实践。大秦铁路股份有限公司弘扬铁路优秀传统文化，主动承接"交通强国、铁路先行"历史使命，充分发挥铁路专业性、基础性、网络性、公益性等特征和优势，在努力创造经济效益、推动企业创新发展的同时，以"满足客货运输需求"为核心理念，积极承担和履行社会责任。中铁长安重工有限公司将"零碳排放""纯电节能"视为品牌核心理念，探索绿色施工装备整机研发、动力电池性能提升、能源保障、装备数字化管控和规模化工程应用等，打造隧道施工装备、地铁施工装备等 6 大类高端装备矩阵。

二、建立 ESG 组织体系

中国中铁自上而下推动企业内部 ESG 体系建设，形成由董事会全面负责督导、直接管理及监管，董事会战略委员会及安全健康环保委员会定期审查，各业务部门主责推动落实和协商合作的 ESG 管理责任矩阵。建立跨部门合作机制，坚持定期召开业务部门协调会，研究推动 ESG 管理，确保将 ESG 各项指标融入业务管理和数据统计，提升可持续发展措施的准确性、可靠性和及时性。大秦铁路股份有限公司将 ESG 建设纳入公司社会责任报告，组建社会责任报告编写小组，完善 ESG 治理框架，提升董事会参与度，召开董事会战略委员会会议，举办"智库论坛"，邀请外部董事、独立董事和中介机构座谈研讨。京沪高速铁路股份有限公司坚持将 ESG 管理深度融入公司治理，发挥决策层、执行层职能作用，搭建上下贯通、横向联动、切实可行的社会责任管理体系。广深铁路股份有限公司加强 ESG 管理意识，搭建架构设置，管理层负责领导职能部门开展相关工作，董事会秘书处负责信息汇总和披露。神州高铁技术股份有限公司围绕"贡献可持续交通"建立健全ESG工作机制，搭建职责清晰、分工明确的ESG组织架构，并要求相关子公司建立、健全本单位资源节约与环境保护组织架构，明确相关人员职责。2023年，神州高铁技术股份有限公司将碳排放和碳资产管理工作纳入资源节约与生态环境保护领导小组，并更名为资源节约与生态环境保护（双碳管理）领导小组。中国通号成立节约能源与生态环境保护领导小组，负责公司节约能源与环境保护总体工作，制定节约能源与生态环境保护管理制度，建立节能环保长效机制，进一步加强节能环保监督、考核和奖惩。

三、搭建ESG披露体系

上市铁路企业按照上市规则要求，向股东及中小投资者披露信息，不断增强披露内容的针对性和有效性，提高信息透明度。广深铁路股份有限公司单独披露ESG报告超过10年，京沪高速铁路股份有限公司自2020年上市即开始披露"社会责任（ESG）"报告。中国中铁连续15年披露ESG暨社会责任报告，荣获中证ESG"AAA"级。中国中车发布的《2023年环境、社会及治理（ESG）报告》指出，将ESG融入企业发展，推进ESG体系建设及文化培育。中国通号发布的《2023年度环境、社会及管治（ESG）报告》指出，将ESG纳入发展战略规划，构建自上而下的ESG治理架构和执行体系，明确各级机构的ESG管理职责，充分发挥ESG治理的牵引作用。

四、构建内控治理体系

中国通号不断完善公司治理体系，坚持"合规从高层做起、全员主动合规、合规创造价值"的理念，着力构建高层人员引领合规、全体员工践行合规的价值体系，持续强化法律、合规、风险、内控、制度管理"五位一体"协同运行，健全监督体系。中国中铁在全面梳理识别重大合规风险基础上，研究制定合规管理"三个清单"，将合规要求嵌入关键岗位职责和具体业务流程，进一步增强合规管理的刚性约束。京沪高速铁路股份有限公司将内控合规要求嵌入经营管理各领域各环节，贯穿决策、执行、监督全过程，构建符合上市公司治理规范和国铁企业管理特色的内控治理体系，编制内控体系手册，明确公司治理、组织架构、人力资源、安全生产、企业文化、资金营运管理、融资管理等28项合规流程。中国中车构建以"三会一层"为代表的现代公司治理架构，不断完善公司治理制度体系，加强与监管机构的沟通。

五、践行绿色低碳发展

突出创新引领，强化科技创新。中国中车以重大科技专项为载体，加快推进"焕新、启航"两大行动，形成轨道交通装备和清洁能源装备双赛道、双机群产业发展新格局，构建具有数智化、高端化、绿色化、国际化、协同化、品牌化特征的现代化产业体系。神州高铁技术股份有限公司完善科技创新管理制度。中国通号加强关键核心技术攻关，成立中国通号长沙市建筑设计院绿色建筑研究中心，开展"双碳节能及数字能源关键核心技术攻关"，实现铁路站房基础配套设施高效运行、智能化运维。中国中铁建立形式统一、分工紧密的研发体系，以行业领军企业为主体、以相关二级企业为支撑、以企业重大需求为引擎、以重大工程问题为导向，对既有21家专业研发中心进行优化整合，形成科研平台协同建设、领军人才协同培养、技术疑难协同攻关、研究成果协同转化的创新机制。

神州高铁技术股份有限公司制定2023年安全环保责任书，明确规定万元产值综合能耗、用新水量、碳排放、固废综合利用率和固废危废依法合规处置率等指标。2023年，神州高铁技术股份有限公司污染物排放达标，固废、危险废物依法合规处置率达100%。中国中铁对在建工程项目、作业场所进行环境因素识别和评估，建立生态环保监控监测体系，规避环境风险。京沪高速铁路股份有限公司推进高速铁路站点绿色升级，依据客站能源管控现状，对绿色照明、暖通空调改造、能源智能化管控的可行性开展研究论证，提升能源管控技术水平；落实车站合同能源管理，南京南站、天津西站和枣庄站为合同能源管理试点车站。试点车站累计节能效益约1710万元，折合减少二氧化碳排放约1.5万吨。中国中车以绿色技术创新为核心动力，在技术创新和产品研发中广泛应用低碳、零碳、负碳技术及成果，轨道车辆弓系转向架产品，较传统焊接式构架转向架减重达30%，消除焊接、涂漆等制造工序的碳排放。

展望篇

FUTURE OUTLOOK

2024年7月18日，中国共产党第二十届中央委员会第三次全体会议通过《中共中央关于进一步全面深化改革　推进中国式现代化的决定》，其中第49条作出部署要求："健全绿色低碳发展机制。实施支持绿色低碳发展的财税、金融、投资、价格政策和标准体系，发展绿色低碳产业，健全绿色消费激励机制，促进绿色低碳循环发展经济体系建设。优化政府绿色采购政策，完善绿色税制。完善资源总量管理和全面节约制度，健全废弃物循环利用体系。健全煤炭清洁高效利用机制。加快规划建设新型能源体系，完善新能源消纳和调控政策措施。完善适应气候变化工作体系。建立能耗'双控'向碳排放'双控'全面转型新机制。构建碳排放统计核算体系、产品碳标识认证制度、产品碳足迹管理体系，健全碳市场交易制度、温室气体自愿减排交易制度，积极稳妥推进碳达峰碳中和。"

中国铁路绿色低碳
发展报告（2024）

Report on Green and
Low-Carbon Development of
China's Railways (2024)

第十章 铁路绿色低碳发展展望

2025年，铁路行业将按照党中央、国务院"双碳"工作战略部署，贯彻中央经济工作会议关于"协同推进降碳减污扩绿增长，加紧经济社会发展全面绿色转型"的工作部署，积极落实"建立一批零碳园区，推动全国碳市场建设，建立产品碳足迹管理体系、碳标识认证制度。持续深入推进蓝天、碧水、净土保卫战"的要求。铁路行业将进一步提高思想认识，增强使命意识、责任意识，聚焦绿色低碳工作目标和重点任务，推动绿色铁路建设，推动装备低碳转型，优化调整运输结构，推动绿色运营维护，加快推动新时代铁路绿色低碳发展。

一、持续推动绿色铁路建设

启动绿色铁路设计规范、铁路货运场站设计规范、铁路建设项目碳排放核算标准等研究。在重点项目行业评审工作中，督促勘察设计单位严格执行绿色环保标准。在重大工程项目工程质量安全监管中，督促参建单位贯彻落实好绿色设计和施工措施。开展绿色低碳客站试点示范，推进建设一批低碳（近零碳）客站。

二、推动铁路领域设备更新

加快新能源装备研制推广，用足用好超长期特别国债等政策，以老旧型内燃机车淘汰更新为突破口，加快铁路机车车辆、基础设备、安全设备及客货场站装卸、运载等设备更新改造。按照2027年、2035年工作节点督促老旧内燃机车退出铁路运输市场，加快新能源铁路机车推广应用。研究搭建绿色铁路机车车辆平台，加大铁路新能源机车和轻量化、绿色智能货车推广应用。着手开展面向供应链和全生命周期铁路机车车辆碳足迹研究。

三、推动大宗货物运输"公转铁"

推进普速、重载铁路建设，完善货运网络，提升疆煤外运等通道能力。加强铁路专用线项目前期监管，修订专用线建设标准，降低建设成本，加快推动专用线进厂矿、进码头、进园区。按照国家推进运输结构调整相关部署要求，做好煤炭等重点物资运输保障协调监督工作，进一步推动运输服务规则衔接，充分发挥铁路骨干作用，降低全社会物流成本。以煤炭、铁矿石为重点，完善政策措施，推动大宗货物运输"公转铁"愿意转、转得了、转得好。推动完善铁路运价动态调整机制，规范铁路和专用线企业对外收费，优化过轨运输和费用清算等规则，推进专用线共建共用，降低铁路运输费用。指导铁路运输企业优化运输组织，创新物流产品，推进铁路货运向物流化转型发展，推动铁路物流与产业链供应链一体化融合发展。积极发展铁路（高速铁路）快运、冷链运输。

四、推进多式联运发展

在设施衔接上，制定铁路货运场站设计规范，推进铁路物流场站与港口、综合货运枢纽等基础设施高效协同。在安检互认上，制定集装箱铁水联运装载和安全检查技术规范，推动铁水联运集装箱安检互认。在标准协同上，重点推动铁水联运货物品名分类、危险货物认定标准统一。在信息共享上，研究制订铁路货物运输规则，推动铁路运输货物品类、数量、装卸、运行等信息开放共享。

五、推动国际铁路联运便利化

在通道优化上，重点与国际班列沿线国家做好规划对接，推动跨里海国际运输走廊建设，协调提升口岸后方通道能力，加强铁路口岸换装设施建设，提高运输效率。在规则支持上，重点加强与国际铁路组织的沟通对接，推动完善国际铁路货物联运规则，促进联运便利化。在创新发展上，重点推动国际铁路联运单证物权化，鼓励有条件的城市探索试点，服务物流金融产品创新。

六、完善铁路绿色低碳标准

根据铁路行业自身特点，紧紧围绕"碳监测、碳核算、碳统计、碳交易"四个关键环节，加快建立铁路行业绿色低碳发展标准体系，抓紧编制发布一批急需的、重要的绿色低碳标准。研究完善铁路碳排放核算标准、铁路绿色低碳评价标准等，完善新能源铁路装备标准，开展铁路参与碳市场建设相关政策研究。

七、发挥铁路企业主体作用

推动铁路企业把握绿色低碳发展方向，加大专项资金投入力度，围绕创新链布局产业链，把新技术、新装备、新材料、新工艺、新产品作为提升战略竞争力的构建举措，向绿色低碳要质量、要效率、要效益，全面推进企业绿色低碳发展。

附录

APPENDIX

中国铁路绿色低碳
发展报告（2024）

Report on Green and
Low-Carbon Development of
China's Railways (2024)

国外典型国家铁路绿色低碳发展情况

德国、法国、日本等国家对铁路绿色低碳和生态环保发展较为重视，将全球气候变化影响作为铁路发展的重要考虑因素，在铁路可再生能源利用、铁路新型替代性驱动技术、机车车辆创新设计、废弃资源回收利用、铁路数字化转型升级等多领域开展了大量研究应用，并取得了较好的应用效果。

一、升级改造牵引动力系统

（一）德国开发测试混合动力调车机

研发和试验下一代氢燃料电池牵引系统。该系统由氢动力列车和加氢站组成，实现了完整的加注和发电功能。目前氢动力列车已经在部分地区投入正常营运。研发了 H3-混合动力传动调车机车，计划用 8 年时间测试这一新型机车的可靠性以及在节省燃料、减少排放和降低养护费用等方面的实际效益。

（二）日本研发氢能源混合动力车辆

研发了利用 70MPa 高压氢制成的燃料电池混合动力列车 FV-E991，最高时速达 100 公里，续驶里程 140 公里。研发了搭载以氢燃料电池和蓄电池为电源的混合动力系统试验列车。扩大无二氧化碳氢能源的运用范围，推进氢能源混合动力车辆、燃料电池车辆、车站周边设施等无二氧化碳氢能源供给，推动综合加氢站研发，在福岛县内车站安装固定的燃料电池，将零碳氢能发电作为主要供电来源。计划用环保型列车替换车队内燃动车组，并且将氢燃料作为电气化铁路首选清洁型替代能源。

（三）法国研发试验混合动力机车

在 Régiolis 型列车的基础上，制造出混合动力机车，能够在铁路接触网、柴油机、蓄电池 3 种模式下切换工作。该型混合动力机车试验显示，可回收 90% 以上的制动能量并为车载蓄电池充电，从而降低 20% 的列车能耗；可在不使用柴油机的情况下运行 20 公里，实现有害物质零排放。研发的用于直流牵引变电所的 Hesop 系统，可以降低成本、减少能源消耗。

二、提高铁路能源使用效率

（一）英国开发能量存储系统

开发能量存储系统用于收集机车牵引和制动中浪费的能量并转化为电能，存储在电池中供列车其他系统使用，从而达到降低能耗的目的。

（二）美国研制机车减排装置

通过开发能源管理系统，研制废气再循环装置（Exhaust Gas Recirculation，EGR）、柴油氧化催化剂转换装置（Diesel Oxidation Catalyst，DOC）和柴油微粒过滤器（Diesel Particulate Filter，DPF）等机车减排装置，实现机车能耗降低，降低碳排放。利用实验机车在约 200 英里线路上测试以上 3 种减排技术。

（三）日本改进车辆空气动力学流线设计

日本铁路在发展中贯穿轻量化、节能环保、模块化设计、低维护成本等理念，投入使用 N700S 系电力动车组，改进空气动力学流线设计，车体更平滑，减少列车运行阻力和尾车摇晃。与上一代车辆相比，整车质量降低约 13 吨，能耗降低约 6%。

（四）法国制定新节能计划

新计划旨在通过采取减少办公区域和车站的供暖和照明、采用更先进的电气设备等措施降低总能耗。推广铁路客运站综合节能环保技术，持续开展减振降噪技术研究，计划将办公楼的供暖温度降至 19℃，空置建筑物的供暖温度降至 16℃，关闭超过 48 小时的建筑物的供暖温度降至 8℃。已建成生态环保型客运站，车站大厅对外部能源的需求量减少约 64%，碳排放量减少约 84%。

（五）英国降低铁路车站能耗

伯明翰 New Street 火车站顶棚采用了更加环保的半透明保温材料，充分利用自然光进行车站照明，并能维持车站温度。车站设置了热电联供设备，用以节约车站的能源消耗。该热电联供设备可以为车站提供日常照明供暖所需电力的 40%，每年为车站减少二氧化碳排放约 3000 吨。

三、优化列车节能驾驶方式

（一）德国研发全自动系统

开发全自动驾驶系统，推出可降低成本的数字化预测性维护平台。加强对司机的节能驾驶培训，推广应用新一代节能系统 Recycle System（RESY）。列车能耗比之前降低 9%。

（二）法国推广使用节能驾驶模式

利用轨道路线纵断面条件，优先利用下坡地段获得的动能，用完后才在上坡地段施加机车牵引动力，既能保持列车平均速度，又能降低能耗约 10%。

（三）英国研发司机咨询系统

该系统可以在列车运行过程中实时追踪计算列车运行的能耗，并实现与铁路调度系统的信息交互，从而为司机提供合理的操作建议，以节约能源。

（四）美国研发列车节能驾驶监测管理系统

将燃油消耗、列车运行方案、安全程序等参数整合成为远距离监控系统的基础数据，通过无线技术应用于机车监测系统。研发优化发动机效率的软件、研制节能车辆、改进电力机车的供电技术。研发"LEADER"司机辅助系统，通过全球卫星定位系统地图对列车运行情况进行实时分析，并提示司机加速和减速的适宜时刻。

四、扩大铁路应用绿色电力

（一）德国铁路开发和购买绿色电力

德国铁路计划在未来几年加大投资，进一步参与建设太阳能、风力发电场，扩大绿色电力供给。德国铁路签订了三大绿色电力购买协议，确保了每年 780 吉瓦时的绿色电力供应。德国已有 33 个客运站完全使用绿色电力，未来计划进一步扩大 100% 使用绿色电力的车站数量，利用地热、光伏、太阳能、现代热泵技术产生的能量。

（二）日本致力于零碳电源研发应用

引入复合型循环发电设备（蒸汽涡轮机和燃气轮机组合而成），以及无碳排放氢气发电设施，提高自营发电站的效率。推广可再生能源基础设施建设，在男鹿站设置小型风力发电机，提供车站用电或为交流蓄电池车辆充电。安装太阳能发电设备并接收可再生能源供电，向冈山县、广岛县和山口县的新干线变电站输电。预计到2027年底，供电量将达到JR西日本新干线电力消耗的10%，碳排放将减少约6.1万吨。

（三）法国拓展可再生能源电力来源

正在逐步通过在现有建筑物屋顶上安装光伏板、在已关闭或拆除的铁路用地上建设太阳能发电站等方式，拓展可再生能源电力来源。

（四）英国提高清洁电力应用

Wessex线路连接了在Aldershot路轨旁边约100个太阳能板，为线路的信号系统和照明供电约30千瓦。尽管列车仍需要其他电力来源作为辅助，但示范应用成熟并扩大推广后，能够进一步促进英国铁路的清洁电力应用。

五、注重绿色铁路设计

（一）法国铁路秉承绿色设计理念

积极推动降低铁路建设过程中的碳排放，采取降噪、保护文物和景观、保护生态环境等措施助力绿色铁路发展。

（二）德国铁路注重环境调查与评价

从立项开始就对沿线的环境进行调查，根据国家有关环境保护的法律，结合沿线环境特点及环保要求进行方案优选。在批准计划立项的同时，规定了保护自然和景观的众多义务，对生态保护、景观保护措施的落实进行了明确规定并监督执行。

（三）美国企业充分考虑环境保护因素

包括回收建筑废物、采用全生命周期管理、加强生物多样性和生态系统保护等。

六、建立碳排放核算和碳税机制

（一）碳排放核算标准日趋成熟

国际上碳排放核算方法起步较早，主要围绕道路运输、铁路运输、内河水运、海运、航空运输和物流节点等领域，推出了很多综合或单一类型的核算方法，如欧洲标准化委员会EN 16258、美国环境保护署SmartWay工具，以及全球物流业排放理事会

（Global Logistics Emissions Council，GLEC）推出的 GLEC 框架。此外，还有不同专业组织，如国际航空运输协会推出的民航温室气体排放核算方法（*International Air Transport Association Recommended Practice 1678*）、国际海事组织现有船舶能效指数（Energy Efficiency Existing Ship Index,EEXI）和自愿使用指南（*Guidelines for Voluntary Use of the Ship Energy Efficiency Operation Indicator*），以及欧盟资助的 Fraunhofer 温室气体排放指南（物流节点）等。其中，国际上铁路运输碳排放的核算方法主要包括 EN 16258、EcotransIT、SmartWay 铁路运输工具和 GLEC 框架。国际主要铁路运输碳排放核算方法见附表1。

国际主要铁路运输碳排放核算方法 附表1

序号	铁路运输碳排放核算标准
1	全球物流业排放理事会 GLEC 框架
2	欧洲标准化委员会 EN 16258
3	EcoTransIT 计算方法
4	SmartWay 铁路运输工具
5	ISO 14083 运输链运营产生的温室气体排放量的量化和报告（*Quantification and reporting of greenhouse gas emissions arising from transport chain operations*）

（二）欧盟推行"Fit for 55"计划

"Fit for 55"计划是基于欧盟绿色新政修订和更新后的欧盟立法，并包含实施一系列新举措的提案，旨在确保欧盟政策符合理事会和欧洲议会商定的气候目标，包括能源、工业、交通、建筑等行业在内的 12 项更为积极的系列举措，承诺在 2030 年底温室气体排放量较 1990 年至少减少 55% 的目标。Fit for 55 系列指令见附图1。

碳边境调节机制（CBAM）是欧盟为应对全球气候变化而实施的一项政策。CBAM 采用电子凭证（即 CBAM 证书）制度，每张 CBAM 证书对应碳排放量为 1 吨的进口商品。针对进口产品中所含的每一吨碳排放，进口商都必须向其所在的欧盟成员国的 CBAM 主管机关购买一张 CBAM 证书，每张 CBAM 证书都对应着独立编号。注册进口商购买 CBAM 证书的数量、价格和日期均记录在其 CBAM 系统账户中。每张 CBAM 证书有效期为购买之日起两年，两年后 CBAM 证书将失去效力，无法用于清缴。自 2026 年起，CBAM 逐步取消碳排放交易体系的免费配额，直至 2034 年起，取消所有免费配额。如果生产商已在设施地缴纳碳税，允许减除生产商所缴纳的碳税额。

附图 1　Fit for 55 系列指令